Pour Charlotte

[illegible]

8.12.83

G.I.G.N.

Mission impossible
les exploits des gendarmes
anti-terroristes

DU MÊME AUTEUR

chez le même éditeur

LA NOUVELLE VAGUE DES SOUCOUPES VOLANTES

LE NOUVEAU DÉFI DES O.V.N.I.

LA SCIENCE FACE AUX EXTRA-TERRESTRES

O.V.N.I. L'ARMÉE PARLE

LE DÉFI DE LA MÉDECINE PAR LES PLANTES

MAIGRIR EN MANGEANT À VOLONTÉ

Jean-Claude Bourret

G.I.G.N.

Mission impossible

les exploits des gendarmes anti-terroristes

ÉDITIONS FRANCE-EMPIRE
68, rue Jean-Jacques-Rousseau, 75001 Paris

Vous intéresse-t-il d'être tenu au courant des livres publiés par l'éditeur de cet ouvrage ?

Envoyez simplement votre carte de visite aux

ÉDITIONS FRANCE-EMPIRE
Service « Vient de paraître »,

68, rue J.-J. Rousseau, 75001 Paris,

et vous recevrez, régulièrement et sans engagement de votre part, nos bulletins d'information qui présentent nos différentes collections, que vous trouverez chez votre libraire.

IMPRIMÉ EN FRANCE

à Raymond Pasquier,
Henri Jacques
et Jean-Louis Maussion
mes amis du G.I.G.N.
morts à l'entraînement

INTRODUCTION

Des tueurs — des supermen — des super-pandores — les meilleurs tireurs du monde. Les hommes en noir aux nerfs d'acier...

Voilà quelques titres relevés dans les multiples articles consacrés aux hommes du G.I.G.N., le Groupe d'Intervention de la Gendarmerie Nationale.

Depuis 1975, leur réputation n'a cessé de s'amplifier, en France d'abord, dans le monde ensuite. Ils ont sauvé des otages dans d'incroyables conditions, par tous les temps, sur le sable brûlant du désert et dans les neiges d'Auvergne. Ils ont parcouru des dizaines de milliers de kilomètres, prenant des risques pour gagner du temps, car le temps, c'est peut-être la vie d'un otage.

Mais les hommes du G.I.G.N., s'ils sont exceptionnellement entraînés, n'ont rien des supermen que quelques-uns ont rapidement décrit dans des articles à sensation. Les gendarmes sont des hommes, avec un cœur et une âme. C'est quelquefois celle d'un chevalier de l'an 2000, qui combat pour la justice et pour la paix, avec souvent la peur au ventre.

L'ENFANT ASSASSINÉ

Le G.I.G.N. est né le 1er mars 1974. À cette époque, il s'appelait « équipe commando régionale d'intervention ». Sa mission se limitait à la région parisienne, c'est-à-dire à la Ire région militaire. Neuf jours plus tard, le dimanche 10 mars à 14 h 33, le téléphone sonne sur le bureau du capitaine Gervais, commandant le 2e escadron du 2e groupement de Gendarmerie mobile. Ce jour-là, commença la véritable histoire du G.I.G.N.

— Capitaine Gervais ?

— Oui...

— Capitaine Gervais, ici le Commandant Fraigne.

— Mes respects mon Commandant.

— Bon, vous vous mettez immédiatement en alerte — nous allons avoir besoin de vous rapidement pour une sale affaire.

— O.K., je donne l'alerte et j'attends vos instructions.

Immédiatement, à Maisons-Alfort, c'est la mobilisation. La première du G.I.G.N. Après quatre mois d'entraînement intensif sous la direction du lieutenant Prouteau, les quinze hommes qui composent alors le G.I.G.N., sont gonflés à bloc. Mais en tout début d'après-midi, les deux équipes sont éparpillées entre les logements et les zones d'entraînement. Par téléphone, on essaye de les rameuter. Le capitaine envoie aussi un planton, car tous n'ont pas le téléphone. Le planton se trompe d'étage, de porte, un gendarme sera même porté injustement absent — côté alerte, c'est le bide... Malgré le passage, parmi les bâtiments type H.L.M., d'une estafette avec gyrophare et deux tons. En début d'après-midi, ce système d'alerte, rudimentaire, ne mobilise pratiquement personne. Il faudra près d'une demi-heure pour réunir les quinze hommes.

À 15 h 10, nouveau message :

— Vous êtes prêts ?

— Affirmatif. Vous avez des précisions ?

— Oui, c'est un dément qui a abattu plusieurs personnes et qui s'est retranché avec des otages.

— Combien ?

— Deux, sa femme et son fils âgé de 7 ans.

— Des précisions sur la disposition des lieux ?

— Le forcené est retranché au 4e et dernier étage d'un immeuble.

— Il tire avec quoi ?

— Difficile à dire, mais il tire. Il semble qu'il ait plusieurs armes, dont au moins un pistolet.

— Bon, nous arrivons...

Vingt minutes plus tard, la première équipe d'alerte, enfin rassemblée, fonçait à Écquevilly, dans les Yvelines. Fonçait, c'est beaucoup dire, car le G.I.G.N. ne disposait pas de ses propres voitures. Il était donc obligé d'emprunter des véhicules à des compagnies voisines. On imagine la rapidité du dispositif... Et, pour cette première mission, le G.I.G.N. obtiendra deux estafettes poussives, dont l'une avait allégrement franchi le cap des 100 000 kilomètres.

Mordant les lignes blanches, grillant les feux rouges, les deux estafettes mettront moins d'une heure pour arriver sur place. Un record malgré tout.

Sur place, c'est l'affolement. Des gens qui courent, des cris, des journalistes, planqués à l'abri des voitures, qui hasardent de temps à autre une tête précédée d'un télé-objectif.

Un policier en civil se précipite vers les estafettes en levant la main.

— C'est vous les spéciaux ?

— Oui.

— Planquez-vous derrière cette rue, car le dingue tire sur tout ce qui bouge.

— De la casse ?

— Non, mais y a des collègues qui ont eu chaud aux fesses.

— Qui c'est ce type ?

— On sait pas encore avec précision, un Italien semble-t-il car il crie des injures en italien.

— Bon, on va voir ça.

Les deux estafettes se rangent à l'abri d'un bâtiment, échappant ainsi à la vue du maniaque de la gachette.

Les hommes du G.I.G.N. sont inquiets. Leur chef habituel, le lieutenant Prouteau, n'est toujours pas là. Pourtant, dès le début de l'alerte, on lui a transmis un message urgent, sur son lieu de permission. En attendant, le capitaine Gervais fait front. Sur instructions, il met quatre tireurs d'élite dans deux pavillons qui font face au bâtiment où s'est retranché le forcené.

Les deux familles accueillent les tireurs d'élite avec sympathie.

— Yvonne, va chercher des coussins pour qu'ils puissent s'allonger confortablement.

Geste de la main du gendarme R...

— Vous savez, on est entraîné. Le carrelage nous ira très bien.

— Non, non, pas question... alors, Yvonne, ça vient les coussins ?

Et ainsi, les tireurs d'élite prendront position derrière les fenêtres des deux pavillons, dorlotés par les propriétaires, qui leur tiendront du café chaud toute la journée.

À côté d'eux, un gros poste radio type T.R.P.P. 11 grésille. C'est la seule liaison — difficile — avec leur chef.

Pendant ce temps, le capitaine Gervais a essayé de dialoguer avec le forcené. Il s'appelle Santo-Grassos. Il est d'origine sicilienne. Avec précaution, le capitaine fait passer un message, en italien, sous la porte palière du forcené, au 4e étage.

— Santo-Grassos, libère les deux otages et rends-toi, tu n'as aucune chance, l'immeuble est cerné.

La réponse sera inscrite par Santo-Grassos à la suite du premier message. Une écriture large, saccadée.

— Je ne me rendrai jamais.

Nouveau message du capitaine sous la porte.

— Sois raisonnable. Nous ne te ferons aucun mal. Rends-toi.

— Pas question, répond Santo-Grassos.

— Alors libère au moins la femme et le jeune garçon.

— Pas question. Si vous bougez, je les tue, je vous tue et je me tue.

Le capitaine n'insiste pas. L'homme est manifestement dans un monde où la logique n'a plus cours.

À 19 heures, une deuxième équipe du G.I.G.N. arrive sur les lieux pour relayer la première. Le procureur, les policiers du S.R.P.J. et les gendarmes font le point. Santo-Grassos a commis un double meurtre le matin à Villennes. Il est ensuite rentré chez lui où il a pris en otage sa concubine et son enfant, âgé de 7 ans. Il s'est glissé sur son balcon et a commencé à tirer. Au moins une cinquantaine de coups de feu. Par miracle, il n'a touché personne. Le quartier est bouclé. Santo-Grassos refuse de se rendre. On en est là.

À 22 h 15, après un voyage éclair en permission, le lieutenant Prouteau arrive sur les lieux. Les hommes du G.I.G.N. sont rassurés. Leur chef direct est là, et ils vont pouvoir faire du bon travail, espèrent-ils du moins.

Pendant tout le trajet, le lieutenant Prouteau pense à l'affaire. Sa première intervention. Son premier cas difficile. Plus question d'entraînement, de répétition. Cette fois, il faut y aller, avec peut-être la mort au bout du chemin.

Dès qu'il est en action, le lieutenant Prouteau ne pense qu'à bien faire son travail de spécialiste. Le danger, il l'évalue en calculateur, posément. La décompression, l'effondrement psychologique dus à de longues heures de tension, il les vivra systématiquement *après*. Mais cela, il ne le sait pas encore, puisque c'est son baptême du feu.

Prouteau a peu de renseignements. Mais il gamberge, seul, avec sa courte expérience de commando... « Le type est seul dans un bâtiment. Il a les otages, il faut que je le fasse parler, que je le mette en confiance, que je voie où il est, que je suive ses déplacements, et que j'exploite tous ces renseignements pour choisir la seconde précise de mon intervention. »

Le quartier dans lequel arrive le lieutenant Prouteau est en état de siège. Partout des voitures de police, de gendarmerie, de pompiers, des ambulances, et bien sûr les voitures de la presse. Les badauds sont très nombreux et les barrages de gendarmerie mobile sont renforcés dans la soirée. Nous sommes dimanche soir, avec les retours du week-end, les amateurs de sensations fortes se multiplient. Et chacun a sa solution.

— Faut le descendre, ce type, avant qu'il n'en tue d'autres.

— Ouais, y a les tireurs de la police avec des fusils à lunette, y vont s'en charger.

— Tu parles, j'les ai vu arriver à 17 heures. Il est presque 23 heures, et ils n'ont toujours rien fait.

— Justement, renchérit un monsieur ventripotent qui se donne des airs mystérieux, justement, je peux vous dire qu'ils attendent précisément la nuit.

... Silence interrogateur de la foule.

— Oui, reprend le connaisseur, la nuit ils verront mieux sa silhouette se découper dans l'appartement éclairé. Ils ne peuvent pas le rater.

— Y a qu'un ennui, réplique une dame, c'est qu'au quatrième, tout est éteint.

— Comment le savez-vous ?

— Mon appartement donne sur celui du forcené.

Sans conviction, un gradé de la police intervient :

— Allons, circulez, y a rien à voir. Allez vous coucher...

Le lieutenant Prouteau a franchi les barrages, rencontré ses hommes qui lui ont fait un point rapide de ce qu'ils savent. Avec l'accord du Procureur, il décide de reconnaître personnellement les lieux.

— Faites attention, mon lieutenant, il tire dès qu'il entend un bruit, à travers sa porte, et il prend tout le couloir en enfilade.

Prouteau s'enfonce dans la nuit qui vient de tomber, pénètre à pas de félin dans la cage d'escalier qu'il monte en souplesse jusqu'au 4e. Dans l'angle du dernier palier, des impacts de balles. En connaisseur, le lieutenant Prouteau remarque : c'est du 9 mm parabellum, une munition de guerre très puissante. Respirant calmement, après une minute d'intense attention, Prouteau tourne l'angle qui le protège encore du tir éventuel du forcené. Il voit la porte. Elle est percée d'une douzaine de trous qui en disent suffisamment sur la détermination de Santo-Grassos. Le lieutenant Prouteau s'approche, millimètre par millimètre. Il est contre la porte. Il écoute. Sa perception auditive est décuplée. Rien, pas un murmure des deux otages, pas un seul déplacement du forcené. Un silence glacial, inhumain, interminable, un silence épais, peuplé de cauchemars. Prouteau imagine que l'autre est là, à quelques centimètres, derrière la porte, et qu'il attend le moindre bruit pour ouvrir le feu. Si c'est le cas, le lieutenant n'a aucune chance. Mais non, rien ne se produit.

Le lieutenant redescend. C'est pour apprendre que des psychologues sont arrivés. Prudents, ces derniers se cachent derrière l'angle d'un bâtiment. Et ils s'adressent à Santo-Grassos avec un haut-parleur. Pour détendre le forcené, on n'a pas trouvé mieux.

— Santo-Grassos, on est des amis, on est venu pour t'aider. Tu nous entends ?

La voix métallique résonne entre les bâtiments en ciment gris de la cité-dortoir. Une voix déformée, renvoyée en écho, inhumaine...

Trois secondes se passent et, soudain le tonnerre se déclenche. Le forcené, caché par son balcon, tire. Il tire, tire, tire. Les hommes du G.I.G.N. voient les longues flammes jaunes et bleues du départ des coups. Le forcené a au moins deux armes, constate le lieutenant Prouteau.

Conclusion des psychologues : « L'homme est en état de démence, la raison n'a aucune prise sur lui. »

— On s'en doutait... murmure un policier du S.R.P.J. [1].

Le lieutenant Prouteau, qui a suivi cet intermède, se présente au colonel qui dirige les opérations.

— Alors, lieutenant ?

— Eh bien, mon colonel, compte tenu de l'attitude du forcené, je vois deux possibilités : le neutraliser d'une balle au bras, ou pénétrer par surprise dans l'appartement et le mettre hors d'état de nuire en le neutralisant à mains nues.

— Bien, attendez les ordres et tenez-vous prêts.

Une nouvelle attente commence. Il est près de minuit. Les curieux sont toujours aussi nombreux.

Le lieutenant Prouteau fait le tour de ses quinze hommes installés à différents postes de tir, et décide une seconde reconnaissance. Cette fois, il pénétrera dans les appartements voisins pour écouter, puis grimpera sur le toit en compagnie de deux gendarmes du G.I.G.N. Tenu par les pieds, le lieutenant Prouteau basculera dans le vide pour essayer de voir l'intérieur de l'appartement. Une cible magnifique qui se détache dans la lumière ambiante. Mais le forcené a tiré les rideaux. Tout est éteint. Impossible de voir à travers une fente. Prouteau verra cependant une forme humaine sous la table du salon. Probablement le gosse. Immobile, abattu, endormi ou paralysé de peur ? Impossible de répondre et d'observer plus longtemps.

1. Service Régional de Police Judiciaire.

Comme des chats de gouttières, les trois hommes redescendent silencieusement.

Au pied du bâtiment, ils font le bilan.

— Bizarre tout de même, mon lieutenant, on n'a pas entendu une seule fois la femme, ni le gosse, même pas un gémissement.

— Il les a peut-être drogués...

— Ou abattus !

— Bon, il faut agir, je vais essayer de voir le Procureur, décide le lieutenant Prouteau.

Au début de la nuit, le Procureur de la République assailli de multiples responsabilités accepte de recevoir le jeune lieutenant, chef du G.I.G.N. Le colonel responsable des opérations côté Gendarmerie fait les présentations au pied d'un camion radio.

— Voilà, monsieur le Procureur, c'est le lieutenant Prouteau, responsable du G.I.G.N. Ce sont des spécialistes...

Le Procureur regarde le jeune lieutenant. Un long regard pour prendre la mesure de l'homme et de ses capacités. Mais le lieutenant est jeune, terriblement. Sans doute, le Procureur pense-t-il avoir affaire à une tête brûlée qui tire d'abord et pense ensuite. Personne encore ne connaît la valeur et la bonne utilisation du G.I.G.N.

— Bon, comment jugez-vous la situation, lieutenant ?

— La situation est grave. Plus on attend, plus l'homme s'enferme dans la violence. Il est très dangereux, déterminé et manifeste un tempérament suicidaire. Nous serons certainement obligés d'intervenir avec nos armes.

— Bon, d'accord, répond le Procureur, mais êtes-vous sûrs de réussir à neutraliser sans casse ?

— Sûr... on n'est jamais sûr, Monsieur le Procureur !

Le doute était jeté. Les « spécialistes » n'étaient pas sûrs, ne pouvaient pas garantir que tout se passerait bien. L'opinion première du Procureur était confortée. Ces hommes étaient de simples commandos. Le lieutenant Prouteau perçoit immédiatement le changement d'attitude du Procureur. Il veut le convaincre et explique :

— Vous comprenez, monsieur le Procureur, il y a beaucoup d'impondérables dans une mission comme celle-ci. Mais nous réunissons le maximum de chances pour neutraliser Santo-Grassos avant qu'il n'ait eu le temps de se retourner contre les otages, s'ils sont toujours vivants.

— Comment cela, s'ils sont toujours vivants ?

— Vous le savez comme moi, Monsieur le Procureur, il n'est pas évident qu'ils soient toujours vivants. Les policiers du S.R.P.J. n'ont perçu aucun mouvement autres que ceux du forcené. J'ai fait les mêmes constatations lors de mes explorations personnelles. Il y a eu tellement de coups de feu tirés qu'il a très bien pu abattre ses deux otages.

— Bon, répond le Procureur, je vous rappellerai. Préparez-vous à intervenir.

— Cela veut dire que je mets mes hommes en place et que dès votre top, nous donnons l'assaut ?

— Oui, oui, absolument.

— Mais, vous savez, Monsieur le Procureur, je peux le blesser au bras lorsqu'il sortira pour tirer. Cela faciliterait le travail de tout le monde en le neutralisant sans risque pour les otages, ni pour personne.

Un membre de l'entourage du Préfet qui assistait à la conversation intervient alors avec condescendance :

— Mais c'est très dangereux. Si vous tirez à travers le verre de la fenêtre, la balle sera déviée !

Or, le lieutenant Prouteau qui avait réalisé de multiples essais à l'entraînement savait pertinemment que NON.

Il s'explique, se débat comme un beau diable.

— Même si la balle touche un montant de la fenêtre, je suis sûr qu'elle le blessera à l'épaule.

— Oui, mais vous comprenez, si vous le ratez, vous allez déclencher une catastrophe.

— Non, non, je suis sûr de moi, sûr de mon tir.

— Bon, tenez-vous prêt, je vous donnerai l'ordre d'intervenir.

— Mais, Monsieur le Procureur, il y a un élément qui vous échappe. Quand vous donnerez l'ordre, le forcené ne sera pas obligatoirement sur le balcon.

— Enfin, lieutenant, comprenez qu'on ne peut prendre une telle décision, comme ça !

Pour la première fois, le lieutenant Prouteau mesure toute l'importance de sa mission. Non seulement il doit, avec ses hommes, intervenir physiquement dans une situation très dangereuse, mais il doit surtout convaincre l'Autorité Judiciaire de prendre la bonne décision, au bon moment.

C'est son rôle de spécialiste d'apporter au Procureur toutes les données du problème en soulignant les moments clés et la méthode qu'il convient d'adopter. Dans de précédentes affaires, les autorités administratives ont assuré un rôle qui dépasse terriblement leurs connaissances. C'était une erreur grave que le G.I.G.N. doit désormais supprimer. Il ne faut plus d'affaire Cestas ou Clairvaux.

— J'ai confiance en vous, dira le Procureur en guise de conclusion, je suis sûr que vous et vos hommes réussirez, mais pour l'instant, vous ne bougez pas.

Les deux tireurs d'élite du G.I.G.N. commencent à avoir des crampes malgré les coussins. Mais ils restent vigilants, attendant depuis six heures un ordre qui ne vient pas. Soudain, vers 22 heures, la radio grésille :

— Ici Alpha autorité (indicatif du lieutenant) ; Charlie 2, me recevez-vous ?

— Cinq sur cinq, parlez autorité.

— Instructions inchangées pour la nuit. Vous ne tirez pas mais vous rendez compte de tous mouvements du forcené et des otages.

— Bien compris, répond le chef de tir.

À plusieurs reprises au cours de cette interminable nuit, il alertera Alpha autorité.

— Mon lieutenant, il s'approche de la fenêtre. Je le vois très bien dans la lunette. J'ai son épaule droite dans le croisillon (la croix du viseur).

Impuissant, parce que sans ordres, le lieutenant Prouteau répondra inlassablement :

— C'est bon, vous ne tirez pas.

Au fond de lui, le jeune officier bouillonne. Il sait qu'avec une balle, on pourrait sauver les otages et sauver Santo-Grassos aux prises avec sa folie suicidaire. Il vaut mieux une balle à l'épaule dont on se remet, qu'une balle dans la tête, passeport pour l'éternité.

Mais à Écquevilly, la nuit a recouvert le drame de son manteau de velours noir où brille çà et là, les accrocs d'une étoile obstinée.

Pendant toute cette longue nuit, le lieutenant Prouteau va arpenter le bâtiment du forcené. Peut-être y a-t-il une possibilité d'action qui a échappé aux premières investigations ?

À sept heures, un jour blafard se lève. Un mauvais jour, avec une gelée blanche, teigneuse, elle glace les corps et les âmes, et enlaidit encore plus l'ensemble gris de la cité.

Pour les hommes du G.I.G.N., la nuit a été interminable. À chaque seconde, tout était possible. Mais le Procureur n'a pas donné le feu vert. La situation ne peut plus durer. C'est l'opinion du jeune lieutenant qui va, une fois de plus, forcer la porte du Procureur.

— Écoutez, Monsieur le Procureur, il faut prendre une décision. Au fur et à mesure que le temps passe, la situation se détériore à notre désavantage.

— Comment cela ?

— Eh bien, Santo-Grassos se conforte dans sa position. C'est un suicidaire, le pire peut arriver. Il ne faut pas attendre qu'il aille jusqu'au bout de son effroyable logique de mort. Il va tuer les otages puis se donner la mort.

— Bon, c'est d'accord, lieutenant. je vous donne l'autorisation d'intervenir pendant deux heures. Vous avez jusqu'à 9 heures pour réussir...

Le lieutenant Prouteau se précipite à la radio.

— Charlie 2 d'alpha autorité, me recevez-vous ?

Dans le petit pavillon les deux tireurs d'élite du poste Charlie 2 sursautent... Enfin du nouveau.

— Affirmatif, parlez autorité.

— À partir de cette seconde, vous avez l'ordre de neutraliser le forcené d'une balle à l'épaule. Vous avez jusqu'à 9 heures pour réussir.

— Reçu, mais depuis deux heures rien ne bouge.

— Bon, je vais essayer de le faire sortir.

Et comme pour narguer le G.I.G.N., Santo-Grassos qui a offert une magnifique cible aux tireurs d'élite des dizaines de fois tout au long de la nuit, Santo-Grassos va être totalement invisible de 7 à 9. Il se contentera de lancer des petits papiers par-dessus le balcon. Ces messages écrits dans un français approximatif, justifient son geste : « la société a été dure avec moi — c'est pour cela que je me venge — j'irai jusqu'au bout — je tuerai tous ceux qui voudront s'approcher — et je me tuerai enfin. »

À 9 heures, nouveau message radio : ordre de ne plus ouvrir le feu — l'interminable attente reprend.

C'est alors qu'un épisode à la fois dramatique et cocasse va intervenir. Lors d'une nouvelle reconnaissance, le lieutenant Prouteau se rend compte que tout le monde a oublié une famille bloquée au 4e étage, face à la porte du forcené. Et pour cause... une femme et cinq enfants, terrorisés, sont réfugiés dans la chambre la plus éloignée du couloir. Le plus jeune des enfants a 18 mois.

Une fois de plus sollicité, le Procureur donne l'autorisation d'évacuation... par les balcons. Le lieutenant Prouteau grimpe sur le toit avec le Gendarme W... Ils attachent leurs cordes aux cheminées et à l'antenne T.V. puis descendent en rappel et pénètrent simultanément dans l'appartement de la famille apeurée, en percutant avec les pieds les fenêtres choisies après l'impulsion d'un mouvement de balancier.

— N'ayez pas peur, c'est la gendarmerie !

— Oh ! Monsieur, il va nous tuer ! il va nous tuer !

— Mais non, madame, rassurez-vous. Nous allons vous évacuer et vous mettre à l'abri.

— C'est impossible ! Dès qu'il entend le moindre bruit, il tire ! C'est une bête enragée ! Il va tous nous tuer !

Le lieutenant Prouteau constate alors que Santo-Grassos a tiré une demi-douzaine de coups de feu qui ont transpercé la porte de cette famille. Les balles ont provoqué de gros éclats sur les murs.

Sur un lit, le petit Fabien pleure sans bruit. Deux grosses larmes imitent les traces d'escargot sur ses joues rondes et pâlottes. Le gendarme W… lui caresse les cheveux.

— Viens mon grand, on va s'amuser !

— Va avec le monsieur, Fabien, et fais tout ce qu'il te dit.

Fabien tend sa petite main qui disparaît dans celle du gendarme.

En vingt secondes, le garçonnet se retrouve harnaché sur le dos de son protecteur qui descend en rappel depuis le 4e étage.

Les quatre enfants, dont le plus âgé a six ans, et la maman, prendront le même chemin. Ils n'ont ni bu, ni mangé depuis deux jours. Ils n'ont évidemment pas dormi. Pour eux, le cauchemar est terminé. Dans la foule qui s'est reconstituée avec le jour, un homme pleure. C'est le père de la famille évacuée. Sa femme et lui écriront une lettre très émouvante aux gendarmes. La première de l'histoire du G.I.G.N. Mais pas la dernière…

En ce lundi 11 mars 1974, l'horloge de l'église vient de sonner dix heures. Réconfortée, ravitaillée, la maman va donner une précision décisive.

Santo-Grassos a tiré plusieurs coups de feu chez lui, *dès qu'il est rentré.* Les informations se confirment : la concubine et l'enfant de sept ans ont probablement été abattus dès les premières minutes.

Nouvel assaut du Procureur :

— Monsieur le Procureur, il faut absolument que vous nous donniez l'autorisation d'y aller. Nous savons maintenant que les otages sont abattus. Mais, s'ils ne sont que blessés, plus le temps passe et plus ils risquent de mourir par notre faute.

Pendant quelques secondes, le Procureur réfléchit. Puis prend — enfin — la décision.

— Bon, c'est d'accord...

En cinq minutes, le lieutenant Prouteau a mis son dispositif en place pour l'assaut. Une équipe est sur le toit. Elle a emprunté des gaffes aux pompiers pour casser les carreaux et relever les rideaux.

Cela permettra de lancer des grenades lacrymogènes puis de sauter dans l'appartement avec des masques à gaz.

Le lieutenant Prouteau est sur le balcon qui jouxte celui du forcené. Près de lui, un gros poste radio pour donner l'ordre d'attaque aux deux gendarmes du toit.

Dans le couloir, une autre équipe prête à défoncer la porte. Soudain, un bruit sourd.

— Mon lieutenant, vite, j'ai l'impression qu'il a tiré dans l'appartement.

— Allez-y ! commande le lieutenant.

Deux têtes d'un autre monde dépassent du toit terrasse. Ce sont les deux gendarmes de l'équipe « toit » qui, armés chacun d'une gaffe, cassent les carreaux, arrachent les rideaux, et lancent leurs grenades. Trente secondes plus tard, revolver à la main, ils sautent sur le balcon, foncent à l'intérieur de l'appartement.

— Ne bouge pas, Santo, on ne te veut pas de mal ! crie un gendarme.

Santo-Grassos allongé sur son lit, n'esquisse pas un geste. Il s'est tué, simultanément de deux balles dans la tête avec ses deux armes.

Sur l'oreiller, un papier taché de sang : « Après ce que j'ai fait, je ne mérite pas la vie. »

Dans la cuisine, les gendarmes trouveront la concubine du forcené, abattue de deux balles en pleine poitrine. Sous la table du salon, la petite forme recroquevillée était bien celle du garçon de sept ans.

Les gendarmes, presque tous pères de famille, n'oublieront jamais les grands yeux terrorisés.

Tandis que pompiers et policiers s'affairent, les hommes du G.I.G.N. redescendent et se regroupent. Silencieusement. Ils sont terriblement marqués par ce qu'ils ont vécu. La mort brutale, violente, absurde, injuste de cet enfant et de la mère, ils la ressentent comme un échec personnel. Et au fond de lui, le lieutenant Prouteau murmure : plus jamais ça ; plus jamais, nous n'interviendrons trop tard.

À L'ASSAUT PAR HÉLICOPTÈRE

Les conclusions de cette première opération seront rapidement tirées. Le G.I.G.N. doit être mieux équipé (voitures, émetteurs plus maniables) ; et surtout, son existence doit être connue du pouvoir judiciaire qui pourra ainsi faire confiance aux spécialistes et exploiter au mieux les capacités d'intervention du G.I.G.N. Le général Raynaud – commandant la région militaire – va donc organiser une véritable tournée de démonstration du G.I.G.N. devant toutes les autorités administratives et judiciaires. Parallèlement, un entraînement intensif va commencer avec l'hélicoptère. C'est, en effet, un moyen d'intervention privilégié qui permet de déposer au millimètre les gendarmes anti-terroristes. Un entraînement qui va, très vite, servir à faire face à la réalité.

Le vendredi 17 mai 1974 à 8 h 50, le lieutenant Prouteau est mis en alerte par un coup de téléphone :

— Préparez-vous à partir, il y a une révolte à la prison de Fleury-Mérogis. Les détenus sont sur les toits, armés de barres de fer et de parpaings. Ils sont très agressifs et très déterminés.

Six semaines se sont écoulées depuis la première intervention du G.I.G.N. C'est beaucoup trop peu pour que les structures et les moyens aient changé. Une nouvelle fois, on va assister à une alerte courtelinesque. Tandis que quelques gendarmes s'engagent en courant dans tous les bâtiments, pour donner l'alerte aux autres, le lieutenant Prouteau essaye de trouver... des véhicules.

— Allô ; le bureau transport ?

— Affirmatif

— Ici, le lieutenant Prouteau du G.I.G.N., il me faut d'urgence deux estafettes et une voiture.

— Mais j'ai rien, j'ai personne, mon lieutenant !

— Écoutez, c'est pas possible, je suis en alerte, je dois partir immédiatement.

— Je comprends, mon lieutenant, mais je n'ai pas de véhicule...

— Enfin, c'est pas possible où sont-ils passés ?

— Eh bien, un groupe vient juste de partir pour Fleury-Mérogis.

— Justement, nous y allons aussi.

— Ah bon...

— Vous n'avez pas de véhicule pour une mission moins urgente qui pourrait attendre ?

— Négatif, car je ne peux pas les joindre, ils sont en transfert de détenus ; mais, attendez, j'ai une idée.

— Oui, ...

— Je vais envoyer quelqu'un chercher deux estafettes qui ont transporté des enfants de militaires à une compétition sportive ; c'est pas très loin.

— Bon, grouillez, mon vieux !

Et c'est ainsi que le G.I.G.N. put avoir deux malheureuses estafettes pour accomplir sa mission. Quinze enfants de gendarmes s'en souviendront longtemps. Après les épreuves sportives, ils ont dû faire 3 kilomètres à pied pour rentrer...

À 9 h 45, les deux équipes du G.I.G.N. quittent enfin Maisons-Alfort pour Fleury-Mérogis. Près d'une heure d'alerte et... 23 minutes de trajet. À 10 h 08 en effet, le lieutenant Prouteau est sur place. La grande prison est là, avec ses murs gris. Mais le silence habituel est remplacé par des cris. Sur les toits, des mutins brandissent des barres de fer et de bois, jetant de temps à autre une pierre ou une tuile dans la cour vide. Les forces de l'ordre sont prudemment massées à l'extérieur de l'enceinte.

Sur place, un hélicoptère Alouette III de la section de Satory est mis à la disposition des autorités.

Le lieutenant Prouteau évalue rapidement la situation après une reconnaissance des lieux. Devant le Préfet et le commandant de Gendarmerie, il explique :

— Voilà, l'hélico va nous déposer cinq par cinq sur les toits. Nous ferons alors refluer les mutins vers l'intérieur.

— Mais chaque rotation de l'hélico va durer au moins deux minutes. Lors du premier posé, vous serez cinq gendarmes face à une centaine de mutins excités, fait remarquer le commandant.

— J'ai prévu de faire un premier passage pour larguer quelques grenades lacrymogènes. Ce sera suffisant pour les désorganiser.

— Bon d'accord, lieutenant, mais ça va être risqué pour l'hélico. Les pales vont passer à ras du mur, fait remarquer le commandant.

Le couloir cimenté sur lequel étaient massés les mutins se trouvait en effet à dix mètres du sol. Un couloir large de deux mètres, mais en avant de celui-ci le mur d'enceinte dominait ce couloir d'accès d'une dizaine de mètres. L'hélico devait donc passer par-dessus un mur de 20 mètres, puis descendre de dix mètres à l'intérieur de la cour et poser les hommes du G.I.G.N. sur une longue galerie de 2 mètres de large, suspendue à dix mètres du sol.

Cette fois, c'est le gendarme pilote qui intervient :

— Ça devrait passer sans problème. Nous avons déjà répété ce type de manœuvre à l'entraînement.

— Bien, alors si tout le monde est d'accord ... préparez-vous pour l'assaut dès que je vous donnerai le feu vert, décide le Préfet.

Il était midi.

À 13 h 15, préparatifs d'assaut.

Six gendarmes mobiles mettent en batterie trois lances à incendie depuis le toit des ateliers qui domine les galeries d'une dizaine de mètres.

Les détenus, loin d'être repoussés, sont regonflés et insultent les gendarmes mobiles.

— Vas-y, connard ! envoie la douche, ça rafraîchit.

— Si t'en avais une grosse comme ça tu serais un homme !

— Tu pourrais pas nous envoyer du pinard ?

Une quinzaine de détenus, irréductibles, occupent la totalité du toit du corridor à l'endroit précis où le lieutenant Prouteau a prévu de se faire déposer en hélico.

— Il faut grenader, décide le jeune lieutenant.

Embarquant à bord de l'Alouette III avec 4 hommes, le chef du G.I.G.N. attend le feu vert pour l'assaut.

13 h 36 : GO... !

L'hélico bondit par-dessus le mur de 20 mètres, apparaît brusquement à dix mètres au-dessus des mutins. Penchés par les ouvertures (les portes ont été enlevées), les gendarmes du G.I.G.N. balancent quatorze grenades lacrymogènes. Un épais nuage jaune se répand. Les mutins les plus durs ont les yeux qui pleurent. Ils refluent en désordre, vers le centre, en reculant sur le toit bétonné du corridor.

À 13 h 40 – l'hélico fait un bond en arrière. Le lieutenant Prouteau et quatre hommes sautent sur le corridor d'une hauteur de trois mètres. L'Alouette III est en vol stationnaire. Quel choc pour les hommes du G.I.G.N. ! Et quel risque ! Il y a du gravier sur le toit en ciment de deux mètres de large. La moindre erreur et c'est la chute, dix mètres plus bas.

La soixantaine de mutins a le souffle coupé. Du brouillard jaune des lacrymos puissamment brassés par les pales de l'hélico, cinq silhouettes apparaissent : les hommes en noir du G.I.G.N., masqués, avancent calmement vers les mutins. À mains nues. Du jamais vu de mémoire de truand. Un flottement parcourt les rangs.

— Salauds, fumiers, on va vous balancer sur le ciment ! crie le plus excité.

— Allez, ça suffit, rentrez dans vos cellules, c'est fini pour vous !

Lentement, sans à-coups, le lieutenant et ses quatre gendarmes avancent vers la soixantaine de mutins. En trente secondes, tout a basculé psychologiquement.

Les mutins commencent à murmurer :

— Ils sont fous ces mecs-là...

— Qui c'est ces types ? ?

C'est là que le lieutenant Prouteau mesure la force du G.I.G.N. Il a suffi de cinq hommes, calmes, non menaçants mais déterminés, pour que les plus redoutables des révoltés reculent, inquiets et surpris.

Deux minutes plus tard, l'hélico déposait la deuxième vague du G.I.G.N.

Il ne restait plus qu'une vingtaine de durs. Face à dix hommes en noir. Pour les révoltés, c'est la fin... L'effondrement psychologique succède à l'excitation. Partout les visages ont repris l'expression de lassitude malheureuse. Calmement, le lieutenant Prouteau continue à leur parler :

— Allez, les gars, regagnez vos cellules, c'est terminé.

Un par un, les derniers révoltés passent par une fenêtre qu'ils ont brisée.

Dans la cour, les renforts arrivent.

Les matons [1], matraque à la main, se précipitent sur les meneurs, avec dans les yeux, une lueur de vengeance.

1. Maton : gardien dans le langage des prisonniers.

LE MASSACRE ÉVITÉ

En cet été 1974, c'est une révolte des prisons. Partout, les détenus brisent les portes de leurs cellules, montent sur les toits, provoquent des incendies. Les dégâts sont considérables et les forces de l'ordre débordées. On ne connaît pas encore le G.I.G.N. Ni dans l'opinion publique, et pour cause ; ni vraiment du côté des autorités.

Deux missions en six semaines, c'est un peu court pour s'imposer. Cependant, l'intervention des hommes en noir de la gendarmerie, à Fleury-Mérogis, a frappé. Cinq gendarmes ont réussi à mâter la rébellion d'une prison, sans violence physique ni verbale. Aussi, lorsque la révolte éclate à la maison d'arrêt de Clairvaux (Aube), c'est naturellement au G.I.G.N. que l'on pense. D'abord à vocation parisienne, le G.I.G.N. est devenu compétent sur l'ensemble du territoire. Voici sa première mission hors Ile-de-France.

Tranquillement installé dans son fauteuil, le lieutenant Prouteau est dans son salon, en famille. Comme la plupart des Français, à cette heure avancée de la soirée, il regarde la télé.

Il est 21 h 25, lorsque le téléphone sonne.

— Lieutenant Prouteau ?

— Oui...

— Mettez-vous en alerte immédiate pour une intervention à la maison d'arrêt de Clairvaux.

— Une prise d'otages ?

— Non, une révolte. Trois cents détenus sont sur les toits, plusieurs bâtiments flambent. Les forces de l'ordre sont débordées. On compte sur vous.

Le lieutenant Prouteau, en raccrochant, pense un instant à la démesure existant entre ses moyens et la révolte massive. Il décide donc de prendre le maximum de ses moyens en hommes et en matériel. Huit hommes, lui compris, face à trois cents détenus… C'est plutôt léger.

Le système d'alerte s'est un peu amélioré. L'appartement de chaque gendarme du G.I.G.N. est, cette fois, bien localisé sur les fiches d'alerte. Les plantons ne se trompent plus de porte. Côté véhicules, le G.I.G.N. n'a toujours pas ses propres voitures. Mais l'heure tardive permet de n'avoir aucune difficulté avec le parc auto.

À 22 h 05, quarante minutes après l'alerte, les huit hommes partent pour Clairvaux, roulant à 100 à l'heure dans la nuit qui vient de tomber. Le samedi 20 juillet 1974, à 1 h 10 du matin, le lieutenant Prouteau prend contact sur place avec les autorités locales. C'est d'abord le commandant H. qui accueille les hommes du G.I.G.N.

— Chef d'escadron H., commandant les opérations.

— Lieutenant Prouteau, commandant le G.I.G.N., à vos ordres.

— Ça se présente plutôt mal, lieutenant, trois cents détenus se sont révoltés hier. Ils occupent la nouvelle détention.

— Des otages parmi les gardiens ?

— Non, tous ont été évacués.

— Des blessés ?

— Il ne semble pas, mais on ne sait pas ce qui se passe entre eux. Il y a certainement des règlements de compte, comme d'habitude.

À noter que 80 détenus ne participent pas à l'émeute. Ils se sont barricadés à l'intérieur du petit cloître, ce sont les détenus qui sont sur le point de sortir et qui ne veulent pas replonger.

Toute la nuit, grâce à un téléphone, ils vont lancer des appels au secours.

— Ils veulent nous tuer ! venez vite !

Cette phrase, le Préfet et le commandant de Gendarmerie l'entendront cent fois. Et de fait, l'un des détenus sera égorgé, un autre sérieusement blessé par les révoltés. Une grande flamme tranche, d'un éclair rougeâtre, le noir de la nuit.

— Comme vous le constatez, ils viennent de mettre le feu au grand atelier. Il y a beaucoup de papiers, de paille, d'osier, et ça flambe comme une étoupe.

Au loin, par-delà le mur de l'enceinte, on entend des chants à travers le crépitement des flammes.

— Enfin, poursuit le commandant, les mutins ont pillé les réserves de la cantine. Ils sont tous plus ou moins ivres.

— Bon, je vais en reconnaissance immédiate, décide le lieutenant Prouteau. D..., venez avec moi et apportez le startron.

Le startron, c'est un appareil électronique révolutionnaire qui permet de voir la nuit comme en plein jour. Il multiplie par 60 000 la luminosité. Le bout d'une cigarette dans une salle noire à 200 mètres suffit à éclairer mieux qu'avec un projecteur.

Posté sur un mirador du mur d'enceinte, le lieutenant Prouteau va prendre la mesure de la situation. Elle est particulièrement dramatique. Clairvaux, de sinistre mémoire (c'est ici que Buffet et Bontemps, guillotinés depuis, ont assassiné une infirmière et un gardien pris en otage), brûle en partie. Sur les toits, à travers le startron, le lieutenant Prouteau voit les détenus. À deux heures du matin, une cinquantaine d'entre eux sont toujours sur les toits, criant des menaces et chantant des chansons paillardes. Les 250 autres révoltés chantent et crient aussi, mais à l'intérieur des murs de la nouvelle prison et de l'infirmerie.

— Ce sera très dur, pense Prouteau...

Soudain, dans le startron, apparaît une scène inquiétante. Là-bas, à l'autre bout de la nouvelle détention, encore en construction, une vingtaine de détenus font des provisions de parpaings en prévision d'un assaut. Un parpaing de 6 kilos lancé de 25 mètres, c'est la mort assurée pour le gendarme ou le C.R.S. qui le recevra en traversant la cour pour donner l'assaut.

De retour au quartier général des opérations où se trouve le Préfet, Prouteau fait le point :

— D'abord, il me faut un hélicoptère.

— Pas de problème, c'était prévu. Une Alouette II sera là au lever du jour à 6 h 00, elle vient de Metz.

Le lieutenant Prouteau reçoit du Préfet des ordres très stricts.

— Je ne veux pas que le sang des gendarmes coule pour une révolte comme celle-là. Si un détenu met en danger la vie d'un gendarme, je vous donne l'ordre de tirer pour le blesser, ou pour l'abattre, s'il n'y a pas d'autres solutions.

— À vos ordres, Monsieur le Préfet, mais suivant notre habitude et notre entraînement, nous ferons le maximum pour ne pas ouvrir le feu.

— Je crains lieutenant que les mutins ne vous y contraignent. Regardez dans quel état ils ont mis cette prison neuve, une prison dans laquelle beaucoup des 40 000 détenus en France souhaiteraient vivre.

D'un large geste de la main, le Préfet balaye le secteur des révoltés. Au premier plan, les ateliers continuent à brûler jetant sur les murs de la prison des ombres immenses et folles.

— Savez-vous lieutenant que chaque nouvelle cellule coûte trente mille francs (1974) au contribuable ? cela dit comment allez-vous intervenir ?

— Mon principal souci est de permettre aux gendarmes et C.R.S. de traverser la cour sans être bombardés par les moellons et les tuiles entassés sur les toits.

— Eh bien ?

— J'ai posté mes tireurs d'élite dans les deux miradors d'angle avec ordre d'ouvrir le feu sur les tas de tuiles dès que les mutins s'en approcheront au petit matin.

— Vous croyez que cela suffira ?

— Je pense que oui. Mais si malgré tout des durs continuaient d'avancer vers les tas de tuiles, mon deuxième tireur les blesserait à l'épaule. C'est imparable et d'une efficacité absolue.

— Bon, je confirme mon feu vert – et l'hélicoptère ?

— Il nous servira au grenadage qui précédera l'assaut.

Le Préfet de l'Aube qui ne veut rien laisser au hasard, décide de monter lui-même dans l'un des miradors pour juger la situation commentée par le jeune lieutenant. Et c'est la surprise. Plus de cent mutins sont sur les toits. Le petit matin les a dégrisés. Ils se préparent à un assaut dur. Ils enlèvent les tuiles en faisant la chaîne. Les bâtiments ont près de cent mètres de long. Il y a des milliers de tuiles...

— M. le Préfet, il faut intervenir dès maintenant, je demande l'autorisation d'ouvrir le feu sur les tas de tuiles.

— Vous ne toucherez que les tuiles ?

— Absolument !

Le Préfet hésite un instant. Il y a beaucoup de détenus derrière les tuiles...

— Bon, allez-y !

Dans le mirador, le lieutenant Prouteau rassemble immédiatement quatre tireurs d'élite qui prennent position. Pour les gars du G.I.G.N., pas besoin de dessin. Ils ont compris la manœuvre depuis longtemps. Dans sa lunette, le Gendarme F. voit un détenu qui porte trois tuiles à bout de bras. Le croisillon du viseur optique se pose immédiatement sur la tuile du milieu. L'entraînement...

— Feu ! crie Prouteau.

Le coup part, un aboiement méchant qui raisonne entre les murs. Là-bas, à quarante mètres, le détenu fait un bond en arrière. Ses trois tuiles sont réduites en poussière. Cinq fois, la même scène va se reproduire. En quarante secondes, les mutins ont compris. Ils reculent. Et ils hurlent.

— Fumiers, enculés, on vous aura quand même, salauds...

Les injures sont soudain couvertes par de grosses explosions. Elles lancent des flammes vigoureuses vers le ciel du petit matin. Les réserves de colles et de solvants des ateliers viennent de prendre feu à leur tour.

— J'ai une inquiétude, confie Prouteau au Préfet.

— Laquelle ?

— Nous ne pourrons pas réussir le même exercice avec les tas de parpaings. Les tuiles volent en éclats. Pas les parpaings. Je redoute les ricochets. Si les mutins s'approchent, je serais obligé d'en blesser quelques-uns.

— Il n'y a pas d'autres solutions, n'est-ce pas, lieutenant ?

— Non, monsieur le Préfet.

À six heures du matin, l'Alouette II arrive. Réunion générale de tous les officiers. L'intervention d'une petite équipe de gendarmes mobiles est décidée pour préparer le chemin aux escadrons de gendarmes et C.R.S.

— Dès que nous commencerons le grenadage depuis l'hélicoptère, l'attention des mutins se portera sur nous. Je donnerais alors un « TOP » radio et vous foncerez pour préparer le chemin aux unités. Dès que vous tiendrez les entrées stratégiques, l'ensemble des réserves prendra position dans les bâtiments pour recueillir les mutins.

À 6 h 10, le directeur de la prison tente un dernier appel à la raison par haut-parleur :

— Vous n'avez aucune chance, vous le savez. Je suis sûr que beaucoup d'entre vous désapprouvent les violences inutiles. Je leur demande de quitter les toits et de sortir dans la cour. Il ne leur sera fait aucun mal.

Dès les premiers mots, une clameur monte des toits. De vigoureux bras d'honneur sont la réponse des mutins.

À 6 h 12, c'est le Préfet de l'Aube qui est au micro :

— Ici le Préfet, l'ordre sera rétabli – je vous somme de vous rendre immédiatement – vous avez une minute.

Nouvelle bordée d'insultes et de gestes obscènes.

— Allez-y ! ordonne le Préfet !

6 h 14, le peloton du lieutenant D. pénètre dans la cour *avant d'avoir reçu le TOP radio* de l'hélicoptère. Aussitôt repérés par les mutins, sur les toits, les douze gendarmes sont bombardés par des parpaings et des tuiles qui tombent de 25 mètres... Dans le mirador, le chef T. explose :

— Les cons ! ils sont partis trop tôt ! Ils vont se faire massacrer !

Dans la lunette de leur fusil F.R.F.1, les deux gendarmes L. et M. voient les mutins déchaînés se précipiter sur les tas de parpaings pour les lancer sur les gendarmes paralysés dans la cour. Une dizaine de parpaings ont déjà explosé au contact du sol cimenté. Dans quinze secondes, il y aura des morts. La situation est dramatique :

— Ouvrez le feu, ordonne le chef T. conformément aux ordres reçus.

Un homme d'une quarantaine d'années, le visage hirsute est sur le point de prendre un parpaing. Dans sa lunette, le gendarme le voit parfaitement. Le détenu, en se baissant, crie quelque chose que L. n'entend pas. Le croisillon du viseur se pose sur son épaule gauche. Une détonation, une langue de feu, un homme qui s'écroule. Puis un deuxième, un troisième, un quatrième. Touchés à l'épaule gauche, ou à la jambe, les trois mutins sont K.O. sur le toit.

Le gendarme L. engage une nouvelle cartouche. Mais il n'aura plus à tirer. Là-bas, les mutins ont compris. Ils reculent, en désordre, discutant passionnément entre eux.

— Les salauds, ils nous tirent comme des lapins.

— C'est les flics du mirador crie un détenu en pointant son doigt.

— Faut écraser ces fumiers dans la cour, tant pis pour notre peau on y va tous, ils ne pourront pas tous nous descendre.

— T'es dingue, c'est des tireurs d'élite, le premier qui s'approche morfle à la jambe, regarde Paulo et Bertrand...

Paulo, près du tas de parpaings gémit doucement en se tenant la jambe. Le sang a rougi son pantalon déchiré.

— On en a rien à foutre, allons-y, crie un meneur, Lucien de Bobigny.

— Moi je marche plus, j'veux pas me faire flinguer pour balancer un moellon.

— Sans couilles ! rugit Lucien qui s'avance, menaçant, un manche de pioche à la main.

En une seconde, c'est la bagarre entre détenus. Barres de fer et manche de pioche se heurtent avec un acharnement bestial. Un bruit mat, insupportable, un bruit à faire tressaillir les plus endurcis : un crâne vient d'éclater. L'un des mutins s'effondre en battant des bras comme un oiseau perdu. Sa cervelle sanguinolente éclabousse ses co-détenus. Une seconde de stupéfaction et la bataille reprend, violente et sans merci.

Depuis le mirador, les hommes du G.I.G.N. ont tout suivi. Les mutins se lancent tuiles et moellons, les quatre détenus touchés qui s'effondrent, l'instant d'hésitation des mutins, la bagarre. Tout cela a duré deux minutes. Par radio ils rendent compte :

— Alpha autorité de Bravo 2.

— Parlez, Bravo 2.

— Mon lieutenant, les détenus se bagarrent entre eux. Il y a de la casse.

— On arrive, crie Prouteau dans la radio. Puis, se tournant vers le pilote de l'hélico :

— Allez, c'est parti.

L'adjudant D., ancien de la chasse, a bien compris son travail. Pendant dix minutes, il a mis au point avec le lieutenant Prouteau le plan de sa mission. Survoler les toits, pour que les hommes du G.I.G.N. puissent lancer des grenades, ensuite diriger les détenus vers les postes de rassemblement.

En bas, le lieutenant D. et sa première équipe terminent leur mise en place pour préparer l'intervention de l'ensemble des forces de l'ordre mobilisées par le Préfet.

Dans un tourbillon de poussières, l'Alouette II s'arrache à la terre humide du petit matin. Quinze secondes plus tard, elle est à la verticale des toits de la détention où les mutins cessent instantanément leur bagarre pour faire face à cette nouvelle menace.

De part et d'autre de l'hélico, les premières grenades tombent avec précision. Des offensives. Les explosions puissantes sont amplifiées par les hauts murs. En trente grenades, la révolte de Clairvaux est matée.

Depuis l'hélicoptère, le lieutenant Prouteau fait signe aux détenus qui se sont regroupés dans la cour de se rendre vers l'aire de jeux.

Soudain, un petit groupe de mutins part en courant vers la sortie. Une grenade explose sur leur trajet. Ils s'arrêtent, lèvent la tête vers l'hélico, voient les gestes impératifs du lieutenant Prouteau et font demi-tour. Par radio, les escadrons sont prévenus. Ils entrent dans la cour, se dirigent calmement vers les détenus. Pas de heurts. La révolte de Clairvaux était finie. Mais il faudra un an de travaux pour remettre la prison en état. Les 400 cellules neuves avaient été entièrement détruites. Les 400 détenus de Clairvaux ont donc été mis en surnombre dans plusieurs prisons de la région. Une révolte qui n'a rien apporté aux mutins et qui a coûté près d'un milliard de centimes (1974) aux contribuables.

La révolte des prisons s'étend. Et les interventions du G.I.G.N. aussi. Les hommes en noir de la gendarmerie rétabliront le calme sans casse à Fresnes et à Caen le 24 juillet 1974.

À chaque fois, l'utilisation de l'hélicoptère et de gaz lacrymogènes permettra aux C.R.S. et gendarmes mobiles de se rendre maîtres des lieux et des mutins sans affrontement. Le G.I.G.N. commence à être connu d'un petit cercle d'initiés dans la magistrature et les préfectures.

Il reste un long chemin à parcourir…

LES CROIX GAMMÉES

Lucien Brenon était heureux. Son chef de service lui avait révélé la veille que sa mutation dans l'usine du Midi avait été acceptée. Brenon, au volant de sa 4 L, conduisait, un sourire aux lèvres, en ce mardi 30 juillet 1974, sur la route qui mène à Monthuchon, dans la Manche. Le Midi, il en *rêvait*. Hier, sa femme était tellement contente qu'ils avaient débouché une bouteille de mousseux qu'ils gardaient pour une grande occasion. Ça valait bien ça, pensait Brenon. Bon sang ! le Midi, le soleil, la mer, ils y pensaient depuis toujours. Et il avait fait sa demande depuis six ans ! Roulant tranquillement à 70, Brenon regarda machinalement le panneau que des garnements avaient truffé de plombs : Monthuchon. Encore deux kilomètres et ce sera l'usine. Ce matin, il ne voulait pas être en retard. Il ne manquerait plus que ça ! pensait-il. Alors Lucien Brenon était parti encore un peu plus tôt que d'habitude.

Il regarda sa montre : 6 h 45 ; le soleil était déjà bien au-dessus de l'horizon.

À 6 h 46, alors qu'il s'engageait dans la grande rue, le pare-brise de la 4 L vola en éclats. Effaré, Brenon freina. La 4 L s'arrêta en tanguant sur le bord herbeux de la petite route. C'était encore les premières maisons à l'entrée de la ville, et il n'y avait pas de trottoir.

— Bon Dieu, jura Brenon, un jour comme aujourd'hui... je vais être en retard.

Furieux, le quadragénaire descendit pour constater les dégâts. Un éclair, une détonation, une insupportable brûlure à la cuisse : Brenon s'effondre, le pantalon déjà taché de sang.

Fou de terreur, la jambe brisée, Brenon tirait sur ses bras pour se mettre derrière sa voiture, à l'abri du tireur. Un troisième coup claqua dans le petit matin. La balle transperça le capot moteur. Allongé derrière sa 4 L, Brenon pleurait doucement :

— Je suis foutu, tout est foutu, pensa-t-il. Et il s'évanouit..

Quinze secondes plus tard, le laitier arrivait. Il avait fini sa tournée et il rentrait plutôt vite. Les virages de tout le canton, il aurait pu les prendre les yeux fermés... Ça faisait douze ans qu'il ramassait le lait dans quatorze points de rassemblement. Ce matin, il était un peu en avance.

Sept heures moins dix, pensa-t-il, j'vais pouvoir embrasser Lucien avant qu'il ne parte à l'école.

Ah ! son Lucien, il en était très fier. À douze ans, c'était le meilleur footballeur de l'équipe et à l'école, il avait eu une mention en français à la dernière compo.

C'est à cet instant qu'il vit la 4 L et Brenon.

— Merde, un accident !

D'un coup de frein rageur, le six tonnes s'arrêta au milieu de la route. Georges Filet sauta à terre et reçut sa première balle. Là-haut, depuis une lucarne d'une maison isolée, une carabine de guerre Mauser aboya rageusement. Blessé à l'épaule, Filet avait fait un bond en arrière sous l'impact. Une deuxième balle lui cassa le bras. Il s'effondra, sous son camion. Une grêle de balles troua les bidons. Bientôt un torrent de lait emplit le caniveau. Un lait rougi par le sang des deux blessés.

Dans les premières maisons du village, c'était l'affolement.

Les coups de feu, les hurlements du laitier, drôle de réveil…

À sept heures, la gendarmerie recevait le coup de fil d'alerte.

— Y a un dingue qui mitraille les voitures à l'entrée de la ville. Il a déjà tué trois ou quatre personnes.

Le brigadier T., savait par expérience que les témoins avaient toujours tendance à dramatiser. On lui avait souvent annoncé des morts dans des accidents de la route où il n'y avait finalement que de la tôle froissée. Mais avec ce sixième sens des vieux gendarmes, il comprit que cette fois, l'affaire était grave.

— Ne bougez pas, nous arrivons !

— L., B., à l'estafette. J., vous restez ici à la radio. Si ça pète vraiment, faudra alerter le groupement pour des renforts. Allez les gars, magnez-vous le train !

Cinq minutes plus tard, à 7 heures et 5 minutes, l'estafette était stoppée par une cinquantaine de personnes qui barraient la route à l'abri d'une bâtisse. Un homme se précipita.

— Chef, c'est Hubert, il est devenu fou, il s'est planqué dans son grenier, et il tire sur tout ce qui bouge.

— Bon, tout le monde à l'abri, hurla le brigadier, et d'un grand geste, il fit reculer la foule près du mur.

Au coin du mur, le chef ôta son képi, pour jeter un œil. Deux secondes plus tard, une balle fit voler un éclat de ciment cinq centimètres au-dessus de sa tête.

— Merde, il tire bien, murmura le brigadier.

Là-bas, à quarante mètres, on entendait de temps à autre les appels au secours du laitier.

— On peut pas les laisser comme ça, dit le brigadier, j'y vais. L., alertez le groupement ! demandez du renfort !

Plié en deux, le brigadier s'élança à découvert. En deux secondes, il était à l'abri de l'autre côté de la rue. Une grande respiration, puis un nouveau bond. Il fallait qu'il parvienne jusqu'au petit muret. Après, il ramperait dans le caniveau et il pourrait s'approcher des blessés. C'est au troisième bond qu'une balle le cueillit. La cheville éclatée, le brigadier groggy s'effondra sur le trottoir.

— Chef ! chef ! hurla le gendarme T.

Mais le chef n'entendait plus. Une mare de sang s'élargissait sous lui.

À 11 h 45, le G.I.G.N. recevait l'ordre de mise en alerte. Une heure vingt plus tard, une Alouette III se posait sur le terrain de football du groupement de gendarmerie mobile de Maisons-Alfort. Le lieutenant Prouteau et trois gendarmes embarquèrent tandis qu'une deuxième équipe prenait la route.

Une heure plus tard, l'hélicoptère se pose sur un terrain de fortune balisé à la chaux. Les hommes du G.I.G.N. sont accueillis par l'officier responsable des opérations.

— Capitaine Q., heureux de vous accueillir.

— Mes respects, mon capitaine, je suis le lieutenant Prouteau, commandant le G.I.G.N.

— Bon, voici le point de la situation. Nous avons à faire à un forcené du village retranché dans une maison isolée à l'entrée du village. Il est bien armé et il a blessé trois personnes dont un de mes gendarmes.

— Quels types d'armes ?

— Fusil de guerre, probablement un Mauser, et une 22 long rifle.

— Il tire toujours ?

— Négatif. Depuis deux heures, c'est le silence. Il est vrai que nous avons gazé la maison aux lacrymogènes, mais ça ne l'a pas fait sortir. C'est incroyable.

— Bon, on va voir ça.

Et le lieutenant Prouteau saute dans l'estafette venue le chercher avec son petit détachement et leur matériel.

— Voici la maison, dit le capitaine Q., en désignant du doigt une bâtisse blanchâtre de deux étages.

Pendant deux minutes, les hommes du G.I.G.N. observent : rien. Un léger nuage jaunâtre stagne autour de la bâtisse : le nuage de gaz lacrymogènes ne s'est pas complètement dissipé.

— C'est vu, j'y vais par la gauche. L., couvrez-moi au fusil à lunette.

— Bien mon lieutenant.

Rien n'est plus angoissant que cette approche de la mort cachée. Il y a là, dans cette maison, un homme qui a perdu la raison, un homme armé qui tire pour tuer. Mais en rampant, le lieutenant Prouteau tout électrisé par le danger, n'a pas peur ; pas encore. Il ne pense qu'à obtenir le maximum de renseignements pour réussir à neutraliser le dément, sans casse pour personne. Encore dix mètres, cinq mètres, ça y est. Il est contre la maison, sous l'une des fenêtres du bas, à plat ventre. Dans le silence angoissant qui le submerge, le lieutenant essaye d'entendre le dément. Le moindre bruit lui permettrait de le localiser. Est-il au rez-de-chaussée, au premier ou au dernier étage, derrière l'une des vitres des chiens assis ? Rien, pas un bruit de pas, pas un craquement. Alors avec une patience infinie, le lieutenant Prouteau lève la tête, millimètre par millimètre, pour jeter un œil par la fenêtre. Avec toujours la crainte de se trouver nez à nez avec le canon d'un fusil qui vous fera exploser la tête. Coup d'œil furtif dans la pièce. Personne. Par talkie-walkie, le commandant du G.I.G.N., à voix basse, donne des ordres :

— L., R., et F., rejoignez-moi. Il n'y a personne du côté du rez-de-chaussée où je me trouve.

Deux minutes plus tard, le commando était réuni.

— Bon, on va fouiller le rez-de-chaussée puisqu'il ne bouge pas. On va essayer de le déloger. Suivez-moi !

Avec d'infinies précautions, le lieutenant Prouteau ouvre doucement la porte du rez-de-chaussée. Décor de cauchemar. D'énormes croix gammées sont peintes sur les plâtres. La peinture dégouline encore. En une fraction de seconde, la peur est là. Le silence, les croix gammées et ce corridor de la mort flanqué de huit portes fermées. Chaque homme a compris. La mort est ici, derrière chacune de ces portes sinistrement brunes. D'un geste du doigt, le lieutenant Prouteau assigne les emplacements. Puis il s'approche de la première porte, prend sa respiration... ouvre le battant d'un coup de pied... Va-t-il être coupé en deux par une décharge ? Le silence retombe d'autant plus dense, un silence d'angoisse rythmé par le tambour de quatre cœurs d'hommes.

Des gouttes de sueur commencent à perler sur les fronts et dans les dos. Mais les mains ne tremblent pas.

À tour de rôle, ils vont ouvrir les sept autres portes. Avec à chaque fois un intense regard, comme si c'était le dernier. C'est là que se forge la fraternité la plus profonde, la confiance, l'amitié, le respect mutuel.

Chemises trempées de sueur, regards intenses, battements de cœur, revolvers 357 qui brillent d'une lueur bleutée, les quatres hommes du G.I.G.N. ont ouvert toutes les portes.

Le forcené n'était pas là. Mais la menace est d'autant plus grande que l'homme sait qu'ils ont pénétré dans la villa. Va-t-il surgir brusquement dans l'escalier et tirer en kamikasé ? Où attend-il bien caché dans un recoin du premier ou du second étage ?

Soudain, un bruit. Là-haut, « il » avait bougé.

— Il est dans le grenier, mon lieutenant !

D'un bond, les quatre hommes montent au premier. Deux gendarmes, vrais chats de gouttière, passent par une fenêtre et grimpent sur le toit glissant...

Chacun se poste près d'un chien assis. Sur le toit, il y a en effet deux ouvertures seulement et le commando est donc sûr que le forcené est près de l'une d'elles.

— Rends-toi ! crie le lieutenant Prouteau dans le petit escalier qui conduit au grenier.

C'est le signal. Sur le toit, L... et R... font voler en éclat les deux fenêtres d'un coup de pied de karaté. Ils bondissent par les ouvertures. C'est L... qui se trouvera face à l'homme fusil à la main, doigt sur la détente. L'arrivée fulgurante des hommes en noir l'a paralysé. Il se laisse désarmer sans résistance. Près de lui, un fusil de guerre Mauser, un fusil de chasse, un pistolet d'alarme, et dans ses mains, une 22 LR, une arme automatique de petit calibre, mais extrêmement dangereuse.

L'homme est jeune, 25 ans environ. Il est en slip, et a découpé un pull-over comme une peau de bête, à la Tarzan.

— Je suis pris ! dira-t-il simplement.

Ce sera le premier contact du G.I.G.N. avec la folie, et avec la peur...

LES HOMMES EN NOIR

— Il y a les hommes en noir ! Je les vois, vous avez fait venir les hommes en noir... ne tirez pas, je me rends !

Les hommes du G.I.G.N. n'en croient pas leurs oreilles. Le forcené, planqué depuis huit heures dans une ferme de Spada dans la Meuse, décide de se rendre à leur seule vue. Il sort, en levant au-dessus de sa tête sa carabine 220 magnun automatique.

C'était le 31 octobre 1974. Cette neuvième intervention du G.I.G.N. marquera les hommes du Groupe. C'est la première fois que leur seule réputation leur permettra de régler un problème apparemment insoluble...

Le 19 janvier 1975 à 16 h 19, deux C.R.S. qui patrouillent dans l'aérogare d'Orly voient arriver en courant trois hommes, mitraillette au poing. Les malheureux policiers ont à peine le temps d'esquisser un geste... deux rafales les fauchent. Cris, hurlements de terreur dans tous les sens. En trente secondes, le hall est désert. Il ne reste sur les dalles que les corps des deux policiers qui baignent dans leur sang.

Les terroristes se réfugient dans les toilettes de l'aérogare. Au passage, ils ont pris huit otages dont une maman et son enfant.

Deux heures plus tard, quinze hommes du G.I.G.N. arrivent à Orly. Le lieutenant Prouteau est immédiatement conduit devant le ministre de l'Intérieur, Michel Poniatowski. Cet ancien des commandos français reçoit avec sympathie le chef du G.I.G.N., qui lui rappelle sa propre jeunesse.

— Lieutenant, vous êtes un spécialiste de ce genre d'affaires, que proposez-vous ?

— Il faut d'abord reconnaître les lieux, connaître le nombre d'otages, de terroristes, l'armement de ces derniers. Seulement alors, je vous ferai part de mes possibilités.

— Alors ne perdez pas de temps...

Orly est en état de siège.

Partout, des policiers, des gendarmes équipés de mitraillettes et de gilets pare-balle. C'est l'affolement. Deux policiers ont été grièvement blessés et chaque membre des forces de l'ordre espère que les terroristes seront rapidement neutralisés sans casse supplémentaire. Dans cette ruche policière, les hommes du G.I.G.N. sont à leur place. Ils ont été mis à des points stratégiques où ils peuvent neutraliser au fusil à lunette toute velléité de sortie des terroristes.

À 19 h 30, le commissaire Broussard et trois hommes de l'anti-gang arrivent en renfort.

On sait rapidement que les trois terroristes sont puissamment armés, qu'ils sont Arabes, qu'ils voulaient faire un attentat contre un avion israélien d'El Al, mais qu'ils ont raté leur opération. Ils se sont alors réfugiés dans les toilettes de l'aéroport avec des otages afin de négocier leur sortie du territoire français. L'ambassadeur d'Égypte à Paris est prévenu. Il arrivera à 7 h 30 du matin pour négocier avec les terroristes. La nuit est déjà bien avancée. Une équipe du S.D.E.C.E. (contre-espionnage) a réussi à percer un trou dans le mur des toilettes. On peut ainsi avoir un contact visuel avec les terroristes et leurs otages. Dans les toilettes, c'est le silence. De temps à autre, deux terroristes échangent quelques mots en arabes. Ils sont sur le qui-vive, puissamment armés. Le lieutenant Prouteau à travers le petit trou percé, distingue nettement un lance-grenade. Du sérieux.

À 2 h 15, l'embuscade principale est opérationnelle. Les

tireurs d'élite du G.I.G.N. sont couchés au bout du long couloir et prennent en enfilade la sortie des toilettes.

Le lieutenant Prouteau, deux de ses hommes et le Commissaire Broussard sont cachés près de la sortie des W.C. Mais entre-temps, Michel Poniatowski a eu une longue conversation avec son ami, le Président Valéry Giscard d'Estaing. Les ordres sont formels : pas question d'intervenir afin de ne pas compromettre la politique étrangère de la France vis-à-vis des pays arabes.

À contre-cœur, les gendarmes et policiers verront partir les trois terroristes qui ont grièvement blessé deux des leurs. Les trois hommes iront à pied jusqu'à l'avion mis à leur disposition par le Gouvernement, accompagnés par les otages. Pendant plus d'une minute, les tireurs d'élite du G.I.G.N. pouvaient neutraliser les trois terroristes sans aucun danger, ni pour les otages ni pour la vie des terroristes. Mais la politique a ses raisons...

Trois mois plus tard, on apprendra que parmi les trois terroristes figurait Carlos. Celui qui ne cessera de se rougir les mains dans de multiples attentats. En effet, en juin 1975, Carlos reviendra clandestinement en France. Et le 27 il abattra deux policiers français de la DST : l'inspecteur Jean Donatini et l'inspecteur divisionnaire Raymond Dous qui l'avaient localisé et s'apprêtaient à l'arrêter dans un appartement. Le commissaire divisionnaire Jean Herranz sera grièvement blessé par Carlos lors de la même opération. La décision du président Valéry Giscard d'Estaing aura été lourde de conséquences.

VOUS AVEZ DU FEU ?

Le 19 avril 1974, à 6 h 30, le téléphone réveille brusquement la famille Prouteau.

— Lieutenant Prouteau à l'appareil.

— Lieutenant, vous vous mettez immédiatement en alerte pour un forcené qui s'est retranché dans une maison avec un otage ; il a déjà tué quelqu'un.

Deux heures plus tard, les hommes en noir étaient sur place. Toute la petite ville d'Ivry-la-Bataille, dans l'Eure, est en effervescence. Une prise d'otages chez eux, dans une cité si calme… impensable !

— La maison est là, mon lieutenant…

Le gendarme de la brigade qui conduit le lieutenant Prouteau désigne un petit pavillon, sans personnalité. Tout est silencieux ; le soleil est levé depuis un bon moment et éclaire les lieux du drame avec indifférence. Très vite, les gendarmes du G.I.G.N. apprendront qu'il s'agit d'un désespéré sentimental. Amoureux d'une femme mariée, il a voulu l'arracher à son mari, mais le frère de la femme s'est interposé et l'homme l'a abattu.

Par un angle mort, trois hommes du G.I.G.N. avancent à petits sauts. En quelques bonds, ils sont contre le mur d'enceinte de la maison. L'homme qui est retranché avec une femme prise en otage est armé d'une carabine 22 LR automatique. Il est sans doute déterminé puisqu'il a déjà tué un homme. Peut-être est-il prêt à tirer sur les trois gendarmes s'ils commettent la moindre faute.

À voix basse, le lieutenant Prouteau explique :

— Je vais essayer d'ouvrir le portail – si ça marche, vous me couvrez et je foncerai vers la maison pour me mettre à couvert.

— Bien, mon lieutenant.

Les deux gendarmes sortent leur 357 magnum en souplesse tandis que le lieutenant, en rampant, se dirige vers le portail de fer.

Avec d'infinies précautions, il fait tourner la poignée... fermé. Impossible d'entrer sans se faire repérer. Escalader la barrière serait du suicide, avec un tireur prêt à tirer, et qui ne pourrait manquer sa cible, à moins de dix mètres...

— Bon, on va essayer de passer par l'autre maison.

À quinze mètres de là, une autre petite maison offre un meilleur angle de vue sur la bâtisse du drame. Encore faut-il l'atteindre sans casse. Continuant leur progression, les trois gendarmes seront bientôt dans le deuxième pavillon. Il a été évacué dès le début du drame. Les portes sont ouvertes. Il est vrai que les propriétaires ne risquent guère d'être cambriolés : plus de quatre-vingt gendarmes cernent la zone dangereuse...

— Mon lieutenant, regardez...

Le gendarme tend ses jumelles...

— Regardez, il est à gauche, dans la cuisine, on voit également la femme, ils ont l'air de discuter.

Le lieutenant Prouteau saisit les jumelles. À travers les rideaux de tulle, l'Officier aperçoit en effet les allées et venues du meurtrier. Un homme d'une quarantaine d'années, très nerveux, se déplaçant brusquement, une arme à la main, fumant une cigarette, et jetant fréquemment des regards inquiets vers l'extérieur.

Mais à travers les rideaux, les gendarmes n'aperçoivent que

des ombres chinoises qui s'animent comme des marionnettes mal dégrossies.

— Il faut que j'essaye d'en savoir plus. V..., couvrez-moi ; je vais essayer de m'approcher de leur fenêtre. Je veux savoir dans quel état psychologique ils se trouvent. Attention, vous êtes prêts ?

— Prêt, mon lieutenant !

Appuyé contre le mur de la fenêtre, le gendarme V..., tireur d'élite, comme tous ceux du G.I.G.N., a mis son 357 magnum devant ses yeux. De la main gauche, il tient le petit micro de la radio miniaturisée qui dote enfin le G.I.G.N. Ainsi, il pourra alerter le lieutenant sur tout mouvement du preneur d'otage.

C'est l'efficacité et la discrétion totale grâce à l'électronique de pointe : le lieutenant a simplement un minuscule écouteur dans l'oreille...

En trois bonds, le lieutenant Prouteau a franchi la distance qui sépare les deux propriétés. Collé contre le mur il ne bouge plus. Sa respiration lui semble faire un bruit monstrueux. Dans son oreille, l'écouteur grésille :

— Attention, lieutenant, il vient sur vous... il est contre la fenêtre, il regarde...

Des secondes longues comme des jours de garde s'écoulent pour le lieutenant. Si le preneur d'otage regarde sur la droite, il sera vu et descendu comme un lapin.

Le chef du G.I.G.N. entend le léger bruit fait par le preneur d'otage lorsqu'il cogne involontairement le canon de sa carabine automatique contre la vitre. La mort est là... à deux mètres... attente, silence, cœur qui bat...

— Mon lieutenant, il s'éloigne, il revient vers la fille.

Le lieutenant Prouteau décompresse.

En souplesse, il se met à quatre pattes, passe sous la fenêtre, et s'approche de la porte de la cuisine. Pour intervenir efficacement, il doit avoir le maximum de renseignements. Quelle est la situation des lieux ? L'homme a-t-il d'autres armes que la carabine ? Quels sont ses rapports psychologiques avec son otage ? Est-il tendu, nerveux, ou abattu ? Pour répondre à ces questions, il faut aller au contact, c'est-à-dire risquer sa peau.

Le lieutenant Prouteau est maintenant contre la porte de la cuisine. Une porte vitrée à mi-hauteur. Cette fois, si le preneur d'otage s'approche de la porte, et non de la fenêtre, il le verra et le tuera à bout portant. Quelques gouttes de sueur commencent à couler dans le dos du jeune officier. L'angoisse, la peur sont là, à nouveau. Dans ces instants de vérité, pas de grands mots...

Il n'est pas un héros, mais simplement un gendarme qui a une mission noble : sauver la vie d'un otage et celle d'un forcené.

À travers les rideaux, le gendarme V... qui observe depuis l'autre maison distingue toujours l'ombre de l'homme. Il marche de long en large, arme à la main. De temps à autre, il s'arrête pour allumer une cigarette. Mais impossible de savoir s'il est face à la porte ou de dos : la silhouette est trop floue. Seul renseignement utilisable : il bouge ou non.

— Ça y est, mon lieutenant, il s'est arrêté, il ne bouge plus !

Millimètre par millimètre, le lieutenant Prouteau monte la tête vers la petite baie vitrée de la porte. Il faut qu'il voie. Il doit savoir pour agir. Une éternelle angoisse l'assaille à nouveau. Et si V... avait mal vu ? Et si l'homme, bien qu'arrêté, regardait précisément par la porte vitrée ? Et si en ce moment même il épaulait sa carabine pour lui faire éclater la tête ? Encore un centimètre. Encore un, encore un... Coup d'œil intense : l'homme est là, à trois mètres, de trois-quarts, l'arme à la main. Le lieutenant aperçoit, assise sur le bord du lit, l'otage. Une jeune femme d'une trentaine d'années. Des bribes de conversation lui parviennent :

— Je les descendrai... tuerai après.

— Ne fais pas l'idiot... policiers partout... aucune chance...

— M'en fous… plus rien à perdre… tiens trop à toi… tout est fini pour nous…

Rapidement, le lieutenant Prouteau sort de sa poche un petit micro espion. Un appareil simple qui n'a rien à voir avec la panoplie électronique très sophistiquée, utilisée depuis. Étrange sensation… Le lieutenant a le sentiment d'être sourd et encore plus vulnérable. Dans l'oreille gauche, il a l'écouteur amplificateur et dans l'oreille droite, l'écouteur de la radio. Il n'entend plus directement le monde qui l'entoure. La technique l'a robotisé et il se sent très mal à l'aise. Peut-il faire confiance à l'électronique qui lui renvoie les sons déformés et amplifiés ? N'y tenant plus, il arrache un écouteur pour demander confirmation à sa bonne vieille oreille.

Mais non, l'électronique n'a pas trahi. L'homme et la femme sont à quatre mètres de la porte d'entrée. Et ils discutent toujours passionnément. Le lieutenant remet son écouteur électronique, règle la puissance d'amplification et écoute à nouveau :

— Écoute, dit la femme, tu vas t'en sortir, tu n'as rien fait d'irrémédiable ; rends-toi, tu verras, tout va s'arranger…

— Pas question, ils vont me prendre, ils vont me tuer…

Puis, après un long silence :

— Je dois l'avoir tué…

L'homme, manifestement, parle de son beau-frère, celui sur lequel il a tiré. La phrase est d'une importance décisive pour le chef du G.I.G.N. Le lieutenant Prouteau en sait suffisamment pour mettre au point sa stratégie d'intervention. L'homme est fortement perturbé mais il n'est pas en état de démence. Il soutient une conversation cohérente avec son otage qui est en fait la femme qu'il aime. Il n'est pas sûr d'avoir tué. En réalité, hélas, oui… Son beau-frère est mort le foie transpercé par une balle. Le lieutenant Prouteau va donc utiliser la psychologie, comme il le fera chaque fois que cela sera possible.

Se collant contre le mur pour éviter une éventuelle balle tirée à travers la porte, le lieutenant Prouteau prend une voix pas trop forte, pas agressive, mais suffisamment ferme :

— Tu m'entends, Robin ?

Un court silence, puis une voix angoissée :

— Qui est là ? Que me voulez-vous ?

— Écoute, j'ai l'ordre de t'arrêter et je le ferai. Tu sais que tu n'as aucune chance. Je ne comprends pas ton entêtement... tous comptes faits, tu n'as tué personne.

— Mais si, explose Robin, je l'ai tué, je sais bien que je l'ai tué.

— Mais non, tu l'as sérieusement blessé, c'est vrai, mais tu ne l'as pas tué. Il est à l'hôpital et il va s'en tirer, il y a une chance de le sauver.

— Non, non, je ne vous crois pas...

— Écoute, poursuit le lieutenant, pourquoi veux-tu aggraver ton cas ? Pense à Françoise (son otage), tu l'aimes, tu ne vas pas la mêler à ça.

— Si, si, je la tuerai si vous attaquez. Elle est tout ce qui me reste. De toute façon, je serai obligé de la tuer car je ne veux pas partir tout seul.

Pendant plusieurs minutes, le dialogue se poursuit sur le même ton. Patiemment le lieutenant Prouteau répète inlassablement les mêmes arguments et, brusquement, l'homme commence à fléchir :

— Oui, vous avez peut-être raison...

— Tu vois, enchaîne le lieutenant Prouteau, tu es un type bien qui sait réfléchir. Cela fait dix minutes que nous parlons et tu n'as pas tiré... tu as eu un coup de colère, ça nous arrive à tous, mais tu es maître de toi, maintenant.

Silence. Puis, l'homme répond d'une voix étrangement impersonnelle :

— J'ai même plus une cigarette !

Prouteau saisit la balle au bond.

— Allez, ouvre la porte, je vais t'en donner un paquet.

Et dans le même temps le lieutenant, qui ne fume pas, fait signe au gendarme D... qui bondit :

— Passez-moi vos cigarettes !

— Mais je ne fume pas, mon lieutenant !

— Démerdez-vous, il me faut un paquet !

Le gendarme fonce à nouveau vers l'arrière. Toutes les autorités sentent à travers ces allées et venues qu'il se passe quelque chose de décisif. L'assaut va-t-il être donné ?

Un magistrat interroge fébrilement le gendarme qui arrive en courant.

— Alors ? c'est l'attaque ?

— Vous fumez ? demande le gendarme.

— Euh... oui, répond le magistrat stupéfait.

— Passez-moi votre paquet, réplique le gendarme d'un ton qui ne souffre pas la discussion.

Et le gendarme fonce à nouveau vers le lieutenant, un paquet de Boyards à la main.

— Ça alors, explose le magistrat, vous vous rendez compte ! Ce petit lieutenant de gendarmerie est tellement intoxiqué par le tabac qu'il est incapable de maîtriser ses nerfs et qu'il envoie ses hommes lui chercher des cigarettes !

Plus tard le magistrat éclatera de rire lorsqu'il connaîtra la vérité.

Pendant ce temps, Prouteau allumait une cigarette...

— Allez, cria-t-il, tiens, prends cette cigarette, ça te décontractera.

Sans hésiter, l'homme pose sa carabine, ouvre la porte et prend. Le lieutenant Prouteau aurait pu le percuter et l'immobiliser. Mais dans son esprit, cela n'aurait pas été « honnête » face à un homme dont il était sûr de la reddition. Autant l'amener à se rendre lui-même, utiliser jusqu'au bout la psychologie.

Le temps d'une cigarette et le lieutenant enchaîne :

— Ça va mieux ?

— Oui, merci.

— Bon, maintenant tu es calme. Tu vas te rendre et libérer la femme que tu aimes.

— Oui, mais vous comprenez, si je me rends, on va m'enfermer et je ne pourrais plus la voir, je ne pourrais plus parler avec elle.

— Écoute, si tu te rends, je te promets que tu pourras rester seul avec elle pendant une heure. Je suis sûr que le Procureur sera d'accord si tu fais la preuve de ta bonne volonté en remettant ton arme. Cela nous confortera tous dans l'idée que tu es un homme raisonnable et maître de lui qui a agi sous le coup de la colère.

Nouveau silence, long, terriblement...

— Bon, c'est d'accord, je me rends, mais c'est à toi que je veux remettre mon arme.

— D'accord, répond le lieutenant, mais tu ouvres la culasse.

Le lieutenant entend le bruit métallique caractéristique. La porte s'ouvre. L'homme sort, tend son arme à Prouteau. C'est fini. Deux vies humaines sont sauvées sans violence. Comme promis, l'homme restera une heure en tête-à-tête avec sa concubine.

« Mes hommes et moi, avions le sentiment d'avoir fait les choses correctement », dira simplement le chef du G.I.G.N.

LA FOLLE POURSUITE

Les gendarmes du G.I.G.N. se souviendront longtemps de la prise d'otages de ce 5 avril 1975.

Rarement, ils auront été confrontés à une telle pagaille... Tout a commencé à minuit vingt-cinq par un coup de téléphone d'alerte au domicile du lieutenant Prouteau.

— Mettez-vous en alerte et tenez-vous prêts à partir pour une prise d'otages.

— Dans quel secteur ?

— En Mayenne, pour l'instant, mais les gangsters sont en voiture et la situation est très évolutive.

— O.K., j'attends vos ordres.

À minuit cinquante-huit, le lieutenant et onze gendarmes du groupe d'intervention sont prêts. Le G.I.G.N. n'a pas les moyens du G.S.G.9 [1] Allemand. Ainsi, côté véhicules, le G.I.G.N. dispose d'une 204 et deux estafettes qui lui sont affectées en permanence. Énormes progrès par rapport aux tout débuts.

Réveillés dans leur premier sommeil, les douze gendarmes attendent le feu vert pour partir. Les fusils à lunette sont prêts ainsi que tout le matériel d'assaut.

1. Groupe de Gardes Frontière Allemand G.S.G.9, unité spéciale anti-terroriste.

À 1 h 01, le lieutenant Prouteau téléphone au Commandant régional :

— Nous sommes prêts.

— Bien, attendez les ordres...

En attendant les ordres, les douze gendarmes essayent d'en savoir plus. Un poste radio est allumé. À chaque bulletin d'informations, les gendarmes sauteront de R.T.L. à Europe 1 en passant par France-Inter.

Une heure se passe, puis deux, puis trois. Les gangsters continuent leur folle équipée, sans être interceptés. À quatre heures du matin, le G.I.G.N. apprend que le ministère de l'Intérieur a confié l'affaire au Commissaire Broussard de l'anti-gang.

— Bon, alors, qu'est-ce qu'on fait, mon lieutenant ?

— Nous attendons les ordres ; pour l'instant, nous devons rester en alerte.

À 8 h 10 du matin, un coup de fil du commandement :

— Vous vous maintenez en alerte, prêts à partir.

Il y a maintenant huit heures que les douze gendarmes sont prêts et ils commencent à trouver la plaisanterie un peu longue !...

Ils prendront un petit déjeuner de fortune avec l'angoisse permanente du départ immédiat. Mais ils arriveront à l'heure du déjeuner sans que rien ne se soit produit. Les radios continuent à donner la position des gangsters qui fuient la police à bord d'une voiture volée dans la région d'Orléans. 14 h, 15 h, 16 h, 17 h, les flashes se succèdent ; il y a maintenant près de 18 heures que le G.I.G.N. est en alerte... un comble ! et toujours rien.

À 17 h 45, enfin, le téléphone sonne :

— Partez immédiatement. Faites mouvement vers Orléans.

Soixante secondes plus tard, le G.I.G.N. démarre. Enfin l'action. Le moral des douze gendarmes regrimpe à une vitesse éclair.

À 18 heures, le lieutenant Prouteau écoute les flashes d'informations. Stupéfaction : les trois radios sont d'accord, les gangsters et leurs otages sont barricadés « Au Relais du Miel »... à Montargis !

Par radio, le lieutenant fait part de son étonnement...

— Effectivement, vous avez raison, lieutenant. Le temps de vous transmettre le message d'alerte et les gangsters avaient quitté la région d'Orléans. Je viens d'apprendre que, poursuivis par les inspecteurs du S.R.P.J. (service régional de police judiciaire), ils s'étaient réfugiés au « Relais du Miel » à Montargis où ils ont pris sept ou huit personnes en otages. Donc, vous allez là-bas vous mettre à la disposition des autorités.

— O.K., on fonce.

De toute la puissance de leurs moteurs poussifs, les estafettes avalent l'autoroute vers Montargis.

À 19 h 30, le G.I.G.N. arrive sur les lieux de l'affaire. L'auberge est cernée par d'importantes forces de police et de gendarmerie. Mais côté autorités, on n'accueille pas les hommes en noir de la Gendarmerie avec enthousiasme.

— Bon, restez dans vos voitures et ne vous montrez pas. Vous êtes en réserve...

Une situation qui agace profondément les gendarmes habitués à un travail efficace de professionnels. Le lieutenant Prouteau se battra comme un diable pour voir le préfet.

Un préfet qui a bien des soucis et qui, manifestement, ne sait pas qui sont ces gendarmes en noir et quelle aide ils peuvent lui apporter.

— Écoutez, monsieur le Préfet, ça ne peut pas durer, dit le lieutenant Prouteau, je ne peux pas rester dans ma voiture avec mes hommes. Je suis venu ici pour faire un certain travail, j'aimerais pouvoir l'effectuer.

— De toute façon, je ne pense pas avoir besoin de vous.

— Mais, monsieur le Préfet, si vous avez besoin de nous, il faudra qu'à ce moment précis, je sois prêt à intervenir. Il faut que dès à présent, je fasse une reconnaissance.

— D'accord, allez-y !

Il est 20 heures. La nuit tombe. Le lieutenant s'éloigne en souplesse du groupe compact des voitures et des multiples membres des forces de l'ordre. Rasant une haie, puis une série d'arbres, puis une petite barrière blanche, il s'approche de l'auberge. Une sorte de petit château fortifié avec un toit en chaume et des tourelles. Tout est silencieux. Les deux gangsters ont commis une erreur. Ils sont au premier étage. Or, pour sortir avec leurs otages, ils devront obligatoirement descendre un escalier très raide qui passe à l'extérieur du bâtiment.

Le lieutenant Prouteau enregistre avec précision tous les détails. Il a une excellente mémoire visuelle. Là-haut, au premier étage, un rideau rouge sombre a légèrement bougé. L'officier en noir se colle contre le mur. Il sait que les deux gangsters sont armés de fusil de chasse. Il est à quatre mètres des deux canons. Mais le gangster, qui a jeté un regard furtif, n'a rien vu. Sans doute est-il fasciné – et inquiet – par les gyrophares bleus qui papillotent dans la nuit comme autant de lucioles menaçantes.

Avec ce sixième sens qui s'aiguise davantage à chaque mission, l'officier du G.I.G.N. sent que le danger est passé. D'un bond, il se rue à couvert, derrière un marronnier centenaire, au tronc tourmenté. Sa décision est prise. Son plan est précis. Les risques sont minimes pour les otages, les gangsters et pour les gendarmes du G.I.G.N.

De retour aux voitures, le lieutenant est entouré par ses hommes.

— Alors, mon lieutenant ?

— Ça se présente plutôt bien. Un premier groupe sera avec moi au pied de l'escalier masqué par l'angle du mur. Les deux gangsters ont des fusils. Ils seront handicapés pour tirer vite. Nous les neutraliserons à mains nues. Un deuxième groupe se cachera près de la voiture qui doit servir à la fuite. Si l'un des hommes parvient à s'échapper à la première action, il sera arrêté dans la deuxième embuscade.

Les ordres tombent. Précis. Dans la nuit, des ombres noires

se faufilent vers leurs objectifs. Cet exercice, ils l'ont fait cent fois à l'entraînement. Mais maintenant, on ne joue plus. La mort attend celui qui faillira. Chacun en est pénétré avec une puissance étonnante. Quelqu'un risque de revenir blessé ou tué. Mais chacun est persuadé que tout se passera bien. Jusqu'à présent, le lieutenant a toujours correctement estimé les dangers et les chances de succès.

Le lieutenant Prouteau est fier de lui. Dans la pagaille provoquée par le mélange de policiers, de militaires, de civils, il a le sentiment d'avoir une solution simple. Il est opérationnel. On va voir comment des gendarmes entraînés spécialement pour ce genre de situation, résolvent le problème.

— Monsieur le préfet, je suis prêt à intervenir sans risque pour les otages. Mon dispositif est en place. J'attends votre feu vert.

Le préfet a l'air ennuyé. Le lieutenant manifestement le dérange...

— C'est bien, mais c'est trop tard lieutenant. Les négociations sont très avancées. Le véhicule qu'ils ont demandé est là. Ils vont partir.

Le ton du Préfet ne laisse guère de doute. Il ne veut pas d'intervention plus ou moins risquée sur cette affaire, qui dépend encore de lui. Le mieux, c'est que les gangsters aillent se faire pendre ailleurs. Tout le monde serait ainsi tranquille dans le département dont il avait la charge. Même si repousser le problème un peu plus loin risquait de l'aggraver, en amplifiant les risques pour les otages, notamment. Et puis, une possibilité d'intervention sans bavure comme celle-là ne se présenterait sans doute pas de sitôt.

Malgré les protestations respectueuses du lieutenant, le préfet tient bon. La voiture promise aux gangsters est avancée. Impuissants, les gendarmes en noir du G.I.G.N. verront descendre les deux gangsters poussant leurs otages du bout du fusil. L'intervention aurait été encore plus facile que prévu. Affolés par les lumières et le bruit, par les flashes, ils ne prendront aucune précaution particulière et seront très vulnérables à plusieurs reprises.

La voiture démarre. C'est une DS 19. Personne ne la suit ! Stupéfaction de Prouteau qui rameute ses hommes.

— Tous aux estafettes, on la prend en chasse !

Non seulement le Préfet a préféré se débarrasser d'un problème, mais il n'avait pas prévu de faire suivre la voiture des otages !

C'est la pagaille complète. Les deux estafettes du G.I.G.N. et la 204 essayent de se frayer un passage dans la foule qui regarde s'éloigner la DS 19.

— Les cons, on va tout louper ! hurle un gendarme.

Mais finalement, les cent mètres difficiles ont été franchis. Journalistes, policiers et badauds se sont écartés plutôt rapidement lorsqu'ils ont vu foncer sur eux le convoi bleu des hommes en noir.

— Heureusement, ils ne sont pas à fond la caisse, commente le gendarme L. qui conduit la 204 du lieutenant.

D'un signe de tête, l'officier acquiesce. Le compteur indique 110/120.

La DS 19 prend l'autoroute et grille le péage. Quarante secondes plus tard, la 204 du G.I.G.N. arrive au même endroit. Par la fenêtre baissée, le lieutenant apostrophe deux motards C.R.S. :

— Vous les avez vus ?

— Qui ça, mon lieutenant ?

— Les gars de la DS 19 ?

— Quelle DS ?

— Comment, vous n'êtes pas au courant de la prise d'otages ? On ne vous a pas alertés par radio ?

— Ah, négatif, mon lieutenant ! !...

— Bon merci ! dit le lieutenant qui fait signe au chauffeur de foncer.

Un silence, puis le chauffeur dira tout haut ce que les quatre hommes pensent tout bas :

— C'est le bordel, mon lieutenant !

Mais en arrivant vers Paris, la DS va progressivement accélérer…

— Mon lieutenant, ils nous larguent.

— Accélérez !

— Je suis à fond, mon lieutenant.

— Merde !

Le lieutenant Prouteau saisit le micro.

— Attention, ici G.I.G.N. autorité, ici autorité, la DS 19 fonce vers Paris, nous ne pouvons la suivre. À vous, État-major.

— Reçu, nous avons des voitures pour les recevoir.

Effectivement, ce sont les voitures de l'anti-gang du commissaire Broussard qui prendront le relais à l'arrivée sur Paris. Les gangsters foncent sur le périphérique qui est maintenant truffé de voitures de police. La DS 19 sort en catastrophe porte de la Villette. Deux voitures du S.R.P.J. qui passaient par là par hasard et pour une autre affaire s'engouffrent derrière elle. Embouteillage, cul-de-sac, coups de freins, dérapages, portes qui claquent, revolver à la main, les policiers cernent la voiture : mains en l'air !… c'est fini.

À 130 à l'heure, le lieutenant Prouteau arrive enfin. Dure journée.. Dures leçons : pas de réflexion d'ensemble ; initiatives, matériel, coordination, tout est à perfectionner… Tout est à revoir…

LA TÊTE ÉCLATÉE

C'est une petite fille de huit ans…

La précision est tombée dans un silence de mort. Les gendarmes du G.I.G.N. comprennent que ce mercredi 14 mai 1975, ils ne doivent en aucun cas rater leur intervention.

L'otage est une petite fille et ils sont presque tous pères de famille !

Le preneur d'otage est un homme qui a perdu la raison. Oh, il est facile de dire qu'on est fou ! En réalité, il y a la succession des agressions de la vie qui finissent par vous déséquilibrer. L'homme n'avait pas supporté. Ce jour-là, il avait basculé, prenant en otage sa propre nièce, une enfant de huit ans.

À Maisons-Alfort, la première équipe du G.I.G.N. est prête. Elle partira en deux groupes : quatre dans l'hélicoptère, quatre autres par la route.

À 16 h 40, l'hélicoptère de la gendarmerie se pose sur un terrain de fortune, à quelques centaines de mètres de la ferme où Choissant s'est retranché. Prouteau n'est pas là. Il se trouve sur la base aérienne d'Évreux où il étudie le terrain en cas de détournement d'avion. C'est le capitaine Gervais qui assure la relève de commandement.

Là-bas, c'est la ferme. Plutôt une fermette. Toutes les ouvertures, ou presque, donnent sur la cour intérieure formée par plusieurs bâtiments disposés en rectangle. Le forcené s'est retranché dans la grange. Celle-ci n'a qu'une issue. Elle donne dans la cour. Un immense porche en bois massif pour laisser passer les charrettes de foin. Au milieu du grand vantail, une autre porte se découpe, à l'échelle humaine. Les murs sont impressionnants, près d'un mètre d'épaisseur. Le toit est très haut et pentu. L'opération s'annonce difficile.

Le capitaine Gervais a mis les gendarmes du G.I.G.N. en observation dans une autre grange située à une trentaine de mètres de la première. Mission : observer, et rendre compte par radio.

Un soleil pâlot, voilé par de gros nuages menaçants, éclaire une scène irréelle. Des dizaines de voitures de gendarmerie cernent une ferme d'apparence si calme. Là-bas, près d'un bosquet, des voitures noires : celles des autorités venues sur place pour diriger l'affaire.

Dans la grange, un homme seul avec lui-même. Il serre son fusil et échange quelques mots gentils avec son « otage », sa petite nièce. Elle n'a pas peur ; complètement insouciante, elle renseigne « Tonton » sur les allées et venues qu'elle guette à l'embrasure du vantail.

— Attention, tonton, il y en a deux cachés là-bas !

Pour elle, c'est un jeu. Gendarmes et voleurs grandeur nature. Elle ne se doute pas que sa jeune vie est dans la balance du destin.

Planqués dans l'autre grange, les deux gendarmes du G.I.G.N. observent ; ils ne se sont pas fait repérer.

— Ça va pas être de la tarte ! murmure le chef M...

À 17 heures, le lieutenant Prouteau quitte la base d'Évreux. Machinalement, il allume son émetteur-récepteur. Au bout de quelques secondes, un grésillement :

— G.I.G.N. 1, position ?

Prouteau saisit immédiatement le micro.

— Ici G.I.G.N. Autorité, que se passe-t-il, vous êtes en alerte ?

Pas de réponse, la 204 est trop loin du lieu de l'action pour que ses appels soient captés, mais suffisamment près pour recevoir les messages de son équipe en action.

Ce n'est qu'en arrivant à une trentaine de kilomètres de Paris que le lieutenant pourra établir un contact radio avec son P.C. de Maisons-Alfort. Enfin informé, Prouteau arrive à 18 h 30 à Coudray où il prend en main la direction des opérations et de son unité.

Rapide conciliabule, reconnaissance des lieux par le lieutenant, et demande d'autorisation d'ouvrir le feu pour blesser le forcené. Seule solution pour sauver les deux vies, celle de la fillette et celle de son oncle.

Surprise, le préfet... est le même que celui que le lieutenant avait rencontré près d'Orléans lors de l'affaire de prise d'otages au « Relais du Miel », onze jours auparavant. Cette fois, les présentations sont inutiles.

— Je vous reconnais, lieutenant. Je vous fais confiance. Vous connaissez la situation ?

— On vient de me mettre au courant et j'ai fait une reconnaissance.

— Alors, votre avis ?

— Première constatation, l'homme est décidé. Il me semble impossible de lui faire entendre raison. Il a tiré sur le procureur et trois fois sur les gendarmes. Je ne vois qu'une seule solution, le blesser à l'épaule.

— Vous êtes sûr de vous ?

— Nous sommes des spécialistes, c'est notre entraînement quotidien...

— Bon, je vous donne le feu vert.

Pendant que le dialogue se poursuit, à cent mètres de là, la ferme est silencieuse. Dans la deuxième grange, qui est presque en face de la première, le chef M... est caché derrière une porte en bois aux planches disjointes. Des fentes d'un centimètre lui permettent de voir sans être vu. Le poste idéal. Soudain, le forcené sort, fusil à la main, poussant la gamine devant lui. On sent qu'il est prêt à tirer. Le silence se fait plus lourd. L'adjudant retient sa respiration... Pourvu qu'il n'exécute pas la fillette, inconsciente, qui joue toujours avec l'innocence de cet âge. Dans la cour, l'homme est surveillé par une demi-douzaine de paires d'yeux qui ne perdent pas un seul de ses gestes. Impossible de tirer, la fillette est dans l'axe, et elle sautille beaucoup. L'homme est à dix mètres de la grange. On sent tous ses muscles tendus comme s'il voulait entendre encore plus intensément. Il est immobile depuis quinze secondes… le fusil à la hanche.

À dix mètres de là, caché derrière la vieille porte en bois qui laisse largement passer le jour, le chef M… est figé comme une momie. Ses yeux suivent la fillette. C'est elle qu'il faut sauver. L'homme qui est tout près d'elle, fusil en main, n'a pas bougé. Le chef le détaille maintenant. La cinquantaine, de taille moyenne, il donne l'impression d'un fauve qui va bondir. En une demi-seconde, c'est le drame. Comme si l'état de démence avait réveillé en lui un sixième sens, le forcené se tourne vers la porte en bois, tire deux fois, fusil à la hanche, puis se réfugie en courant vers la grange, suivi de la fillette qui crie : « Tonton ! Tonton !… »

— Vous n'êtes pas blessé, mon adjudant ?

Le gendarme qui était à l'abri d'un mur de pierre de la grange n'a rien compris. Tout s'est passé trop vite et il n'avait pas de vue directe sur la cour.

L'adjudant M…, dès qu'il a vu le mouvement de l'homme, a plongé dans la poussière. La porte a volé en éclats. Deux fois. Et à la place où l'adjudant avait collé sa tête, il y a maintenant deux trous de 20 centimètres de diamètre…

— Non, ça va… mais j'ai eu chaud ! dit l'adjudant qui rampe jusqu'à l'abri du mur.

À l'extérieur, une voix de femme se fait entendre. Étrange, irréelle, un peu suraiguë, sans doute l'émotion.

— Pierre, c'est ta mère qui te parle, tu m'entends ?

Une voix furieuse lui répond :

— Va-t-en ! va-t-en ! je vais régler mes comptes ! va-t-en !

— Pierre, règle tes comptes si tu veux, mais relâche la petite ! Tu entends, elle est innocente !

Un silence, puis un coup de feu, rapidement suivi d'un second. Du ciment vole en poussière sous les impacts.

— Allez, madame, il faut vous mettre à l'abri, vous voyez bien que votre fils ne veut rien entendre.

— Pierre ! hurle la mère désespérée, rends-toi ou tu seras tué ! c'est ta mère qui t'en supplie !

Doucement elle s'éloigne de l'abri du mur, soutenue par un commandant. Une fine pluie estompe le décor. À trente mètres, le groupe compact des journalistes mitraille la scène. Le soleil des flashes crépite.

Lc lieutenant Prouteau qui discutait avec le préfet a rapidement rejoint ses hommes dès qu'il a entendu les coups de feu.

Il a le feu vert. Il faut agir vite pour sauver la fillette et le malheureux forcené.

Une nouvelle fois, le jeune lieutenant inspecte toutes les possibilités d'intervention. Puis, il prend sa décision. Elle n'est pas facile car la disposition des lieux ne laisse guère de chances aux gendarmes.

— Je vais grimper sur le toit qui fait face à la porte du forcené...

— Faites attention, mon lieutenant, le toit en fibrociment est rendu glissant par la pluie.

Le gendarme F... qui fait cette réflexion sait très bien qu'elle est inutile. Mais dans ces minutes de grande tension où chaque homme va côtoyer la mort, où chaque geste va peser lourd, c'est à travers ces quelques mots que perce le cœur des hommes.

L'officier en noir, d'un coup de reins, s'est rétabli au bas du toit. Trés lentement, il rampe vers le sommet. En face, à dix-sept mètres, il y a la porte de la grange, le forcené, son fusil et la fillette.

— Tonton ! attention ! Il y a des gendarmes derrière le portail !

La fillette a crié l'avertissement à son oncle qui pointe son fusil vers l'entrée de la ferme. Les gendarmes du G.I.G.N. se sont fait repérer par les yeux de chat de la gamine, heureuse de jouer. Ils s'effacent contre le mur d'entrée. Coup de chance, le lieutenant Prouteau n'a pas été vu. L'uniforme de sortie dégoulinant de pluie, il reste collé au toit en fibrociment sans faire un geste. Il penche la tête vers son nombril, afin que l'angle fait par sa tête protège ses lunettes de la pluie.

À trois mètres, en contrebas, l'un de ses hommes lui fait un signe et murmure :

— Vous pouvez y aller, mon lieutenant.

La fillette est rentrée.

Centimètre par centimètre, le lieutenant Prouteau arrive au sommet du toit. Un rapide coup d'œil lui montre qu'il est en parfaite condition de tir. Exactement face à la porte de la grange, où le forcené est retranché. Prouteau ne dispose que d'un 357 Magnum à canon de trois pouces. Mais il est sûr, avec son entraînement intensif, de blesser le forcené à l'épaule et de le sauver avec la fillette.

Par radio, le lieutenant propose un plan : le préfet devra venir discuter avec le forcené, à l'abri du mur. Devant le déplacement de cette autorité, l'homme aura son attention réduite, il se mettra dans l'encadrement de la porte où il pourra être blessé.

— C'est d'accord ! dit le préfet.

Deux minutes plus tard, le dialogue s'engage.

— Pierre, ici le commandant de Gendarmerie, ne tire pas. M. le Préfet veut te parler, pour savoir ce que tu exiges, tu m'entends ?

— Oui, oui, expliquez-moi ce que vous souhaitez...

Le forcené, toujours précédé de la fillette et armé de son fusil, est maintenant dans l'encadrement de la porte. Il crie pour se faire entendre, mais peut-être aussi pour briser ce silence qu'il sait menaçant. Une sorte de sixième sens l'a averti que quelque chose allait se passer. « Comme si en état de démence, il y avait une sorte de transmission de pensée entre eux et Nous », dira plus tard le lieutenant.

Tout en discutant de façon incohérente avec le préfet, qui fait le maximum pour faire durer le dialogue, l'homme surveille tous azimuts ! Il sent, confusément mais fortement, que quelque chose le menace.

Son attitude, qui a toujours été extrêmement prudente, s'est encore renforcée. Cette fois, il tient la fillette de sa main libre, de l'autre il appuie des deux canons du fusil contre son cou. Et il crie :

— Si vous faites quoi que ce soit, je tue la petite, et je me tue après.

La petite, elle, sourit. Le jeu, nouveau, continue. Dans son monde de rêves, les méchants font toujours semblant. Son bon Tonton qu'elle aime, avec son attitude suicidaire, n'hésiterait cependant pas une seconde. Les gendarmes découvriront plus tard qu'en quelques jours, en basculant dans sa folie, il a violé une jeune fille, tué une infirmière et assassiné un ouvrier agricole...

La pluie tombe toujours. Le dialogue, fantaisiste, se poursuit entre le préfet et le forcené. Sur le toit glissant, le lieutenant Prouteau est toujours tapi. L'homme, tout en discutant à voix haute regarde presque sans arrêt en direction du toit, comme s'il devinait l'officier de gendarmerie couché sur le petit bâtiment. Et puis, au bout de trois minutes qui semblent une éternité, l'homme quitte le toit des yeux ! Au pied du mur, un gendarme fait signe. Le lieutenant se redresse brusquement. Sa silhouette se détache sur le ciel une seconde et le 357 Magnum au canon de trois pouces est braqué sur l'épaule droite du forcené.

L'homme se retourne alors. En un dixième de seconde, il comprend. Le lieutenant n'oubliera jamais son regard. Un regard exorbité, étonné.

Une flamme, une énorme détonation répercutée par les quatre murs de la cour, un homme qui s'effondre en se vrillant sur lui-même. Une petite fille soudain paralysée par la peur. Le jeu est devenu drame…

Un homme en noir bondit par-dessus le mur, le gendarme F… fonce vers la fillette, l'enlace, l'enlève, la rassure. Le lieutenant Prouteau ne saura jamais comment il est arrivé près de la porte, presque en même temps que le gendarme. Il ne se souvient pas du formidable bond de cinq mètres qui l'a projeté du toit dans la cour, ni de la course de vingt mètres, ni du saut par-dessus la clôture.

Quand il arrive près de la porte, la fillette est sauvée, déjà. Mais dans l'entrée, le forcené dans un ultime effort a réussi à tourner son canon vers sa tête. Une détonation : l'homme s'est fait justice. Il n'aura pas à répondre d'un double meurtre, d'un viol et d'une prise d'otage.

Revolver à la main, le lieutenant Prouteau est rapidement entouré par ses hommes puis par les officiers. Drôle d'officier : une tenue d'apparat couverte de boue et trempée.

Le préfet s'approche :

— Lieutenant, je vous félicite. Si j'avais su que vous étiez ce que vous êtes, je vous aurais donné l'autorisation d'intervenir à Montargis.

Pour le G.I.G.N., c'est cependant un demi-échec quand même. Bien sûr, la fillette est sauvée. Bien sûr, personne n'a été tué lors de l'opération, bien sûr, le forcené a été blessé à l'épaule droite pour le neutraliser. Mais sa volonté de tuer et de se tuer a été la plus forte. La puissance d'arrêt d'un revolver à canon de 3 pouces (7 cm) à 17 mètres de distance est insuffisante. Mais c'était la première fois au monde qu'une telle opération était tentée au revolver. Elle permettra de nouveaux progrès décisifs dans la lutte contre les preneurs d'otage même si le G.I.G.N. n'a pu, comme il le souhaitait, préserver la vie d'un double assassin.

JE VEUX 600 MILLIONS !

Patrick Goussard a dix-huit ans. Et déjà, il en a marre de la société, marre de l'armée. C'est pour cela qu'il a déserté depuis un mois. « Ce qu'il me faudrait, c'est un gros coup, ramasser le paquet d'oseille et me tirer peinard au soleil… »

C'est par hasard qu'il tombera sur le titre de *France-Soir* : « Les deux gangsters de l'avenue de Breteuil réussissent à s'enfuir avec six millions de francs – six cent millions de centimes. » La somme fait rêver…

« Voilà exactement ce qu'il me faudrait. » Patrick Goussard se précipite sur les pages intérieures et lit avec avidité. Un hold-up dans une banque, une patrouille de flics qui surgit. La prise d'otage pour se protéger, une demande de rançon et une voiture, tout est accordé par la police qui ne réussira pas à neutraliser les gangsters au moment de leur fuite. Ils sont libres ! Libres, avec six millions de francs, cinquante kilos de billets de cent francs !…

À priori, ça n'a pas l'air difficile. Il faut être gonflé, c'est tout. Patrick va s'endormir avec son rêve : la banque, les otages, le fric, la bagnole, la fuite, les succès…

Pendant cinq jours, Patrick va être obsédé par le scénario. Plus il y pense, plus ça lui paraît facile, car il est sûr de réussir. D'abord, il lui faut des armes. Pas facile de trouver un revolver. Bon, il achètera un simple pistolet d'alarme. Mais, en plus, pour impressionner, un fusil « à pompe », en vente libre. Maintenant, il faut choisir la banque. Il connaît bien celle de Faverges, en Haute-Savoie. Une petite banque dans la rue principale.

Elle lui semble idéale pour son projet. Il sait évidemment que le directeur n'aura pas les six millions dans son coffre. Donc, il faut attaquer tôt le matin afin que l'on ait toute la journée pour réunir la somme. En cette fin septembre, le jour tombe vite. Patrick espère qu'il réussira à semer ses poursuivants dans la nuit sur les routes de cette région, qu'il connaît bien.

Le 10 septembre 1975 au matin, Patrick a une boule qui lui obstrue la gorge. La peur. Ses os craquent, ses mains sont moites, mais il se donne de l'assurance en caressant son fusil à pompe. L'arme brille faiblement. D'un coup sec, il engage une balle dans le canon, puis l'éjecte. Tout fonctionne bien. Et dans sa poche, le pistolet d'alarme pèse d'un poids rassurant.

« Faut y aller, faut pas te dégonfler, ça va marcher. » Patrick emploie la méthode Coué. À 8 h 30, il est dans la Grand'rue, le fusil caché sous son imperméable. Une étrange sensation de froid entoure sa colonne. La peur est toujours là, plus intense. La banque se rapproche au rythme lent de ses pas mesurés.

Elle vient d'ouvrir. Il y a déjà des clients à l'intérieur : trois femmes et deux hommes… six millions, six millions, le nombre fascinant martèle son cerveau au rythme de son cœur qui bat très fort. « Allez, j'y vais, ça va marcher, ça va marcher… »

À neuf heures précises, le banquier voit entrer son sixième client. Il n'est pas prêt de l'oublier…

Le vendredi 10 septembre 1975, le G.I.G.N. est mis en alerte. À 12 h 03, un Mystère 20 spécial transporte huit hommes du G.I.G.N. sous la direction de l'adjudant L… Le lieutenant Prouteau, en mission à Mulhouse rejoindra Faverges par ses propres moyens. À 12 h 56, le Mystère 20 se pose sur l'aérodrome de Chambéry.

Trois hélicoptères Puma sont prêts à décoller. Le chargement du matériel et des hommes est réalisé avec rapidité et précision. Dans un tourbillon de poussière et dans un rugissement de turbines, les trois hélicos décollent à 13 h 12. Vingt minutes plus tard, c'est l'atterrissage dans un petit champ, près de Faverges, et le contact avec les autorités pour la reconnaissance habituelle et la mise en place du dispositif du G.I.G.N.

Il y a maintenant plus de trois heures que la police cerne la banque. La brigade anti-commando de Lyon a mis en place douze tireurs, dont trois au fusil, les autres au pistolet. Le gangster n'a aucune chance. La décision est prise : on fera semblant d'accéder a ses demandes et on l'abattra lorsqu'il sortira. Les négociations par téléphone sont déjà bien engagées. Le G.I.G.N. se contentera de renforcer le dispositif existant.

Il y a maintenant... dix-sept tireurs pour abattre le gangster ! Un gangster qui, au moment où le G.I.G.N. arrive, vient de recevoir la moitié de la somme qu'il demande, en signe de bonne volonté des autorités. Une grosse valise contenant trente kilos de billets dc cent francs lui a été remise.

Par téléphone, le procureur rassure le gangster :

— Vous venez de recevoir la moitié de la somme que vous demandez.

— Je veux tout où je bûte les otages.

— Calmez-vous, vous aurez tout. Mais vous comprenez bien qu'on ne trouve pas 600 millions en petites coupures facilement.

— C'est votre problème.

— Mais c'est aussi le vôtre. Il faut nous donner encore deux heures. Des camions ramassent l'argent. Ils sont obligés de passer par plusieurs banques. Mais dans deux heures, ils devraient être là.

— Je l'espère pour les otages...

Si les mots et les phrases semblent durs, la voix est plutôt fluette, mal assurée. Un psychologue aurait vite reconnu une personnalité fragile, celle de quelqu'un qui a voulu jouer un rôle manifestement trop grand pour ses épaules.

À Faverges, c'est l'événement. Des centaines de badauds sont maintenus par des cordons de police et de gendarmerie. Les Français en ont assez de ces gangsters preneurs d'otages et un facteur exprime tout haut ce que tout le monde pense :

— J'espère qu'ils ne le rateront pas, ce salaud !

C'est à cet instant qu'arrive la 204 du lieutenant Prouteau, venant de Mulhouse. Il a roulé aussi vite que le permettaient les sept chevaux de son moteur.

Devant le procureur de la République et le préfet, le lieutenant Prouteau explique :

— Je sais que dans cette affaire, le G.I.G.N. est en doublure, mais malgré tout, j'aimerais bien connaître l'opération. Si vous pouviez attendre un peu avant de déclencher quoi que ce soit... J'aimerais m'imprégner de l'affaire puisque j'y participe avec mes tireurs. Au moins pour être totalement dans l'ambiance.

— Pas d'inconvénients, allez-y ! répond le procureur.

Une petite rue étroite, une petite place avec la mairie, la banque, modeste : six mètres de façade. À l'intérieur, le drame continue : cinq otages sont sous le feu du gangster, fusil à pompe à la main.

Le lieutenant Prouteau revient à son point de départ et interroge l'adjudant de la brigade de gendarmerie locale qui a des renseignements sur le gangster en herbe.

— C'est un jeune. Il a dix-huit ans. Nous le connaissons, car il est porté déserteur. Sa fiancée est dans la région. Manifestement il est venu la voir. C'est un garçon tourmenté et malheureux...

Cette dernière réflexion est décisive. En écoutant les enregistrements des conversations entre le Procureur et le gangster, le lieutenant Prouteau aura très vite le sentiment que la psychologie pourrait résoudre cette prise d'otages. Le procureur et le préfet sont sceptiques :

— Il a l'air décidé. Il est armé d'un fusil et d'un pistolet, la seule chance pour les otages, c'est de l'abattre au moment où il sortira.

— Mais on risque un massacre, répond Prouteau. D'abord, il y a trop de tireurs, dix-sept ! Ensuite, aucune coordination n'existe entre eux. Enfin, beaucoup de ces tireurs n'ont pas d'expérience, ce sont de simples policiers de la P.J., qui n'ont pas tiré depuis un an pour certains...

— Nous avons décidé d'être fermes et j'ajouterais, exemplaires dans cette affaire. Paris nous approuve entièrement.

— Ce sera une fermeté à bon marché... et qui peut se retourner contre nous. Que se passera-t-il si plusieurs otages sont tués ou grièvement blessés au moment du tir ?

L'argument ébranle le procureur.

— Que proposez-vous, mon lieutenant ?

— Continuez à le rassurer, promettez-lui l'indulgence du tribunal s'il se rend.

— Mais, je ne peux pas... ce serait mentir. Je n'ai aucun pouvoir sur le jury qui aura à connaître de cette affaire.

— Il vaut mieux lui mentir que le tuer. C'est un garçon faible, qui n'a pas l'air très déterminé. Il faut le travailler psychologiquement. D'autant qu'il est dans une situation impossible.

— Comment cela ?

— Eh bien, vous allez lui remettre la deuxième moitié de la rançon maintenant.

— Évidemment.

— Cela veut dire une deuxième valise de trente kilos. Il devra donc sortir avec deux valises, un fusil, un revolver, et il n'a pas quatre mains...

Ces détails simples, personne ne les avait remarqués jusqu'à présent.

Il est vrai que magistrats et policiers étaient confrontés à ce problème de prise d'otages pour la première fois de leur vie professionnelle. C'est avec ce genre d'improvisation, de manque d'expérience et d'entraînement dûs au manque de spécialistes, donc de crédits, que notre société sécrète les bavures. La faute n'incombe pas aux policiers, mais à ceux qui en font volontairement de faux spécialistes, sachant très bien qu'ils ne sont pas capables de faire face à ce genre de missions spéciales.

Finalement convaincu, le procureur décroche le téléphone :

— La deuxième partie de la rançon est là. Nous vous l'apportons.

— Attention, dit le jeune homme au téléphone, ne tentez rien, sinon je tire.

— Nous ne tenterons rien.

— Et ma 504 ? (dans le hold-up réussi de l'avenue de Breteuil, les gangsters avaient aussi demandé une 504).

— On va la garer dans quelques minutes devant la banque.

Prouteau se penche à l'oreille du procureur :

— Faites-lui peur, il craquera.

— Mais, je ne peux tout de même pas lui dire qu'on va lui tirer dessus.

— Non, mais dites-lui qu'il sera responsable de toutes les conséquences de son action, c'est suffisamment inquiétant.

Le procureur reprend le téléphone.

— Il est encore temps de vous rendre. Ce que vous avez fait n'est pas grave. Vous n'avez tué personne.

— Je ne veux pas discuter.

— Écoutez-moi, je dois maintenant vous mettre en garde. Quand vous sortirez, vous serez entièrement responsable de tout ce qui pourra arriver.

Silence au bout du fil. On entend la respiration du jeune gangster. Il hésite. Puis cette phrase, comme on se jette à l'eau :

— Tant pis, avancez la voiture. Et il raccroche.

— Il va craquer, dit le lieutenant.

— Vous vous trompez, lieutenant ! c'est un dur ! Il ira jusqu'au bout et nous allons être obligés de l'abattre.

— Mais non, j'ai encore senti sa faiblesse dans sa voix.

Soudain, la radio portable du lieutenant grésille.

— Autorité pour G.I.G.N. 3.

G.I.G.N. 3, c'était le chef G..., caché dans une cave face à la banque et qui observait par une lucarne au ras du trottoir.

— Parlez, G.I.G.N. 3.

— Mon lieutenant, il a jeté son pistolet sur le trottoir !

Le lieutenant se tourne vers le procureur :

— Il se passe quelque chose, il craque. Il a peur d'être tué et il a raison. Téléphonez-lui !

Coup de fil immédiat.

— Je suis prêt à me rendre mais à une condition.

— Allez-y.

— C'est que le maire et vous-même, veniez chercher mon fusil. Je le déposerai dans l'entrée de la banque.

— C'est d'accord !

À 18 h 20, le jeune Goussard, dix-huit ans, échappait à la mort certaine, en se rendant. Les otages étaient également sains et saufs. L'apprenti-gangster qui avait trop lu des histoires de gangsters ne se doutait pas qu'il devait la vie à la compétence du G.I.G.N.

Lors de l'enquête, on apprendra que Goussard avait posé son fusil contre un mur, à trente centimètres d'un otage homme. Goussard s'était ensuite éloigné de plusieurs mètres sans que l'homme, qui n'avait qu'à tendre la main, fasse le moindre geste. N'en déduisez pas hâtivement des conclusions désagréables pour le courage de cet otage. L'analyse psychologique des prises d'otages démontre qu'ils sont rapidement écrasés psychologiquement et que leur personnalité disparaît. L'exemple le plus extraordinaire s'est passé au Luxembourg. Prise d'otage dans une banque par un individu armé, ..., d'un revolver en plastique *bouché au bout !* On remet deux sacs de billets au gangster. Pour les prendre, celui-ci laisse tomber son pistolet qui glisse jusqu'aux pieds du caissier. Celui-ci se baisse, ramasse le jouet... et le tend au gangster, puis lève les mains !

Le gangster glisse un sac sous son bras pour prendre son arme-jouet... et s'en va !

CONCLUSION : quand dans Lucky Lucke, les frères Dalton tendent leur pistolet au banquier qu'ils dévalisent en lui demandant de recharger le barillet, on est bien obligé de constater que la bande dessinée est parfois dépassée par la réalité !

DJIBOUTI : DU SANG DANS LE DÉSERT

Il y a maintenant plus de deux ans que le G.I.G.N. a été créé. L'entraînement, l'armement, le matériel se sont améliorés petit à petit. Le G.I.G.N. compte dix-huit hommes. Un formidable esprit d'équipe les anime. Ce 3 février 1976, tous sont au stand de tir. Ils l'ont construit eux-mêmes, dans un fossé du fort, à Maisons-Alfort.

Toute la matinée, ils ont pratiqué les différentes disciplines du tir. D'abord, le tir de précision, à vingt-cinq mètres. Ce jour-là aucun gendarme n'est descendu en dessous de 91 points sur 100. Le lieutenant Prouteau, lui, a successivement réalisé 97, puis 96, puis 99 sur 100. C'est ensuite le tir de combat. Face à une silhouette, le gendarme doit dégainer et faire mouche à l'épaule droite ou gauche dans le minimum de temps. L'entraînement commence à douze mètres, puis à vingt mètres, puis à trente mètres. C'est au moment où deux gendarmes du G.I.G.N., juchés sur un talus, essayent un tir à l'épaule à trente-cinq mètres avec leur revolver « MR 73 » magnum canon 5 pouces 1/4, qu'une estafette bleue arrive par le chemin défoncé qui mène au stand de tir. Le gendarme en jaillit :

— Mon lieutenant ! mon lieutenant !

— Oui, que se passe-t-il ?

— On vous demande d'urgence au téléphone, il y a une sale affaire…

— O.K., j'arrive.

Deux minutes plus tard, le lieutenant Prouteau est dans son modeste bureau, une pièce de quatre mètres sur trois, encombrée d'armes de tous calibres et de matériel divers. Il se trouve que par le plus grand des hasards, je suis avec lui. Ce matin-là, je donnais des cours aux officiers de gendarmerie dans un bâtiment annexe et, à midi, j'étais allé voir le G.I.G.N. à l'entraînement.

Je devais, en effet, réaliser le premier reportage télévisé pour T.F.1 sur cette unité spéciale, et j'avais profité de ce déplacement à Maisons-Alfort pour repérer les lieux. J'ai ainsi eu le privilège de vivre le début de l'une des plus extraordinaires missions du G.I.G.N.

Alors que le G.I.G.N. faisait son traditionnel footing matinal, (généralement cinq fois le tour du fort, soit 6 km environ), à 6 800 km de la France, un drame commençait à Djibouti, base française située à l'entrée de la Mer Rouge. Un car de ramassage scolaire transportant une trentaine d'enfants était pris d'assaut par des hommes armés. Le chauffeur, sous la menace, se dirigeait vers le poste frontière de Somalie, à une vingtaine de kilomètres de Djibouti. Soleil accablant, cris des enfants terrorisés et qui reçoivent coups de poing et gifles en guise de calmants. Les trois terroristes affirment au chauffeur qu'ils font partie du Front de Libération de la Côte des Somalies. On découvrira plus tard que ce ne sont pas des Affars ou des Issas de Djibouti, mais bien des Somaliens. Leur mission était de créer les conditions d'une déstabilisation de Djibouti afin d'en chasser les Français. C'est eux, notamment, qui créaient un puissant mouvement d'immigration de Somalie vers Djibouti à travers le désert. Cette brusque surpopulation posait aux autorités françaises de multiples problèmes. On ne pouvait trouver du travail pour tous. Il fallait la nourrir, la soigner, la surveiller. Afin d'éviter l'invasion de Djibouti par cette multitude sans travail, sans argent, et dont le comportement était manipulé par des spécialistes révolutionnaires, on avait créé des contrôles et des barrages. Cela avait permis d'exacerber les passions. Les révolutionnaires avaient trouvé dans cette masse de manœuvre des apprentis terroristes qui avaient déposé des bombes à plusieurs reprises. L'idée de la prise d'otages avait sans doute été confortée par l'affaire Claustre. La France avait cédé au chantage d'Hissene Habré au Tchad. Une énorme rançon avait été payée. Si la France avait cédé pour la vie d'une femme, si le gouvernement français avait donné une formidable rançon, que ne ferait-elle pas pour une trentaine d'enfants !

Dans le bureau du lieutenant Prouteau, je suis toute la conversation, Je vois le visage tendu de l'officier. Il prend des notes, et répète les données essentielles à haute voix pour son fidèle adjoint, l'adjudant L... Quand il raccroche, je l'interpelle :

— Tu pars sur l'affaire de Djibouti, laisse-moi envoyer une équipe avec toi.

— Cela ne dépend pas de moi, il faut le feu vert de mon directeur.

Une minute plus tard, j'entrai en contact téléphonique avec le directeur de la gendarmerie, M. Cochard.

— M. Bourret, c'est impossible !

— Mais, M. le Directeur, vous nous privez d'une information exceptionnelle.

— M. Bourret, écoutez-moi bien, si vous envoyez une équipe à Roissy pour filmer le départ de mes gendarmes, toutes les ambassades le sauront instantanément. Les révolutionnaires qui tiennent les enfants en otages seront prévenus. Ils prendront alors des précautions supplémentaires telles que toute intervention du G.I.G.N. sera impossible. Les terroristes réclament une chose que nous ne pouvons leur accorder : l'indépendance immédiate de Djibouti. Si vous parlez, nos chances de sauver les enfants s'effondrent. Leur vie est entre vos mains.

Évidemment, j'avais un « scoop » mondial. Mais entre la vie de ces enfants et mon métier de journaliste, j'ai choisi mon devoir de citoyen.

— C'est d'accord, monsieur le Directeur, je vous promets de garder le secret.

Au G.I.G.N., c'est la mobilisation des grands jours. Tous les hommes sont là, tous veulent partir pour cette mission dont ils sentent l'importance et le caractère exceptionnel.

Le lieutenant Prouteau voit tous ces regards, à la fois déterminés et pleins d'espoir. Mais face à une mission, seule compte la valeur de chacun. Neuf hommes sont désignés. Les autres, déçus, restent de permanence, car la mission de Djibouti, ne doit pas faire oublier qu'un autre cas d'urgence peut se présenter.

Chaque homme désigné est comme électrisé. Enfin, l'action ! La récompense d'un entraînement dur et quotidien. Ils ne se doutent pas qu'ils vont affronter la mort dans des conditions totalement imprévues.

— Mettez-vous en civil, ordonne le lieutenant. Pas question de donner l'éveil, notre départ doit être discret. Nous décollerons de Roissy à 15 h 30 avec le vol régulier du Cotam (vol ministériel permettant de transporter les coopérants et les militaires dans les pays où la France a des intérêts).

Les trois estafettes bleues du G.I.G.N. et la 204 du lieutenant Prouteau passeront discrètement les barrières de sécurité grâce à la gendarmerie de l'air qui avait été prévenue. L'avion est là. Le commandant de bord, un officier de l'armée de l'air est prévenu qu'« il aura des passagers supplémentaires à prendre en priorité »... sans autres détails...

Il attend au pied de la passerelle ces « fameux passagers prioritaires »... Pas fou, le pilote comprend vite lorsqu'il voit s'ouvrir les portes de l'estafette : des fusils, des explosifs, des munitions, des caisses, des moyens radios...

Le commandant de bord écarquille les yeux et interpelle le lieutenant :

— Dites, lieutenant, vous n'avez pas l'intention de monter « ça » à bord ?

— Absolument, si ! Nous partons pour une mission très importante et urgente...

— Ah, désolé ! dit le pilote, moi j'ai des passagers, je ne peux pas leur faire courir le moindre risque.

— Vous savez, nos munitions sont parfaitement conditionnées pour ce genre de voyage, le risque est nul.

— Je veux bien vous croire, lieutenant, mais je suis obligé d'appliquer le réglement, C'est NON !

Le lieutenant Prouteau réfléchit à 200 à l'heure. Il faut convaincre ce type. C'est un militaire, il lui faut un ordre. Si je téléphone, ça va prendre un temps fou. On va rater l'avion et les trente gosses seront peut-être tués pour... un point d'un obscur règlement.

— C'est bon, commandant, dit le lieutenant Prouteau, je vais en référer au Ministère des Armées.

Sous les yeux stupéfaits du pilote, le lieutenant court à sa 204 radio, décroche le combiné et parle, parle...

Deux minutes plus tard, le lieutenant Prouteau revient vers le commandant de bord :

— Vous avez ordre de nous embarquer, vous n'avez pas à tergiverser.

— Bon, dit le commandant avec un geste fataliste, puisque « ça » vient « d'en haut », embarquez vos armes et vos explosifs.

Petit détail : la radio de la 204 n'était pas branchée et le coup de bluff du lieutenant a parfaitement réussi...

Finalement, l'avion décolle à 15 h 30, avec une heure de retard. Les six fusils à lunette sont glissés sous les sièges avec les passagers car les gendarmes redoutent que les différences de température de la soute aient un effet néfaste sur les optiques (à 8 000 mètres, il fait moins 40°).

À 22 h 45 heure de Paris, c'est-à-dire à minuit 45, heure locale, l'avion atterrit à Djibouti. Il fait une chaleur moite. Le thermomètre indique 26°.

— Et c'est la nuit, soupire le gendarme L... Qu'est-ce que cela doit être dans la journée !...

Le G.I.G.N. l'apprendra à ses dépens. Mais pour l'instant il s'agit de débarquer le matériel, de le regrouper et de prendre connaissance de la situation. Un officier de liaison discutera avec le lieutenant Prouteau dans une petite salle de l'aérogare. Des cartes sont déployées.

— C'est ici, dit le colonel Samakarie, en pointant du doigt un coin du désert, exactement à 15 kilomètres de Djibouti.

— C'est en plein désert, marmonne le lieutenant Prouteau, on m'avait dit Djibouti...

— Non, non, explique le colonel, les salopards tiennent les trente enfants exactement à Loyoda, au poste frontière avec la Somalie... C'est à 15 km à travers le désert ! Bon, maintenant il faut aller dormir.

— Dormir ? mais comment ça, mon colonel ?

— Oui, oui, dormir. Le général Brasart pense que vous avez été fatigués par le voyage. Il souhaite donc que votre unité récupère pour être opérationnelle demain matin.

— Mais il n'en est pas question, mon colonel ! explose le lieutenant. Nous sommes entraînés pour toutes les missions et nous n'avons pas fait six mille kilomètres pour dormir. Je veux observer les lieux en profitant de la nuit.

Après un instant d'hésitation, après un regard intense dans les yeux du jeune lieutenant comme pour soupeser sa valeur, le colonel dit d'une voix neutre :

— Comme vous voulez, lieutenant. Je vous laisse avec vos hommes, je fais préparer les véhicules pour votre transport sur place.

Un grand silence interrogateur accueille le lieutenant lorsqu'il entre dans la pièce aux murs blancs, où ses hommes se sont regroupés. Le lieutenant se dirige vers une table. Les hommes font cercle.

— C'est pas la joie ! laisse tomber l'officier.

Et le lieutenant explique en montrant des photos aériennes :

— Nous sommes ici, à l'aéroport, vous apercevez la piste et les bâtiments. Les otages, les trente enfants sont dans un car à la frontière... ici. Large mouvement du doigt sur la photo. Nous devons donc traverser une quinzaine de kilomètres de désert. Là, ce petit point noir, c'est le car, à côté, à une trentaine de mètres, le bâtiment du poste frontière somalien. Ici — nouveau glissement du doigt — à environ un kilomètre, le premier bâtiment du poste français. Entre le car et ce bâtiment, rien — large geste de la main — c'est plat, c'est du sable, pas un arbre, pas une colline.

— Faut-y aller quand même, mon lieutenant, il faut sauver ces gosses, murmure le gendarme R...

Vingt minutes plus tard, les neuf gendarmes, toujours en civil, sont dans le magasin d'habillement. On va leur donner des tenues plus adaptées à leur mission que les traditionnels treillis qu'ils ont emportés dans leurs valises. Mais il n'est pas facile de trouver les bonnes tailles, à une heure du matin, dans ce bureau minuscule du bout du monde.

— Mon lieutenant, ils n'ont pas de pantalon à ma taille, explose le gendarme D...

— Bon, ça ne fait rien, gardez votre pantalon civil, il est jaune clair, on le verra moins dans le désert.

En dix minutes, les neuf gendarmes sont métamorphosés en une armée en déroute. Ni civils, ni militaires, ils sont un groupe d'hommes armés à l'allure indéfinissable, des sortes de francs-tireurs qui se seraient équipés au hasard des embuscades. Ah, il a fière allure, le G.I.G.N., unité d'élite de la Gendarmerie ! D'autant que certains gendarmes ont les cheveux un peu longs...(Pour des gendarmes...)

— On va nous prendre pour des hippies, mon lieutenant !

Un rire nerveux secoue les neuf gendarmes. Aucun d'entre eux n'a réussi à obtenir la tenue complète camouflée désert !

À deux heures du matin, le G.I.G.N. est prêt à partir. Le colonel Samakarie fait un ultime point :

— Le car contient trente enfants de six à treize ans, garçons et filles, une assistante sociale, et un militaire, le chauffeur du car. Trois hommes armés d'armes automatiques sont à l'intérieur. Pour libérer les enfants, ces hommes réclament le départ des 5 000 soldats français de Djibouti dans les quarante-huit heures, l'autodétermination immédiate. Même si on m'en donnait l'ordre, ce serait impossible techniquement, mais vous imaginez bien qu'en plus il n'en est pas question. Messieurs, le général Brasart est prévenu de votre départ. Je vous souhaite un complet succès dans votre mission terriblement difficile.

Au garde-à-vous, le lieutenant et ses huit gendarmes saluent le colonel dans la nuit chaude et calme de Djibouti. Deux véhicules ont été mis à la disposition du G.I.G.N. : une Jeep et un command-car. Le lieutenant saute dans le premier véhicule conduit par un capitaine. Le matériel et le commando G.I.G.N. embarque dans le gros véhicule tous terrains. Dans Djibouti, seules des patrouilles armées circulent dans les rues à cette heure avancée de la nuit. La chaleur moite a jeté un manteau de torpeur sur cette ville cernée par le désert. Les gendarmes du G.I.G.N. regardent de tous leurs yeux ce paysage, qu'ils imaginaient exotique. C'est en réalité une longue litanie de maisons blanches avec de grandes arcades, des maisons comme alignées au cordeau. Peu de végétation et déjà partout dans les rues la couleur ocre du désert. À la sortie de la ville, c'est le barrage. Des militaires en tenues camouflées sont faiblement éclairés par quelques lampes qui pendent à même le fil. Pas de nervosité particulière. D'un pas assuré, un lieutenant se dirige vers la Jeep stoppée devant les chevaux de frise :

— Le mot de passe ?

— DUGUESCLIN ! répond le capitaine.

Geste de la main du lieutenant. Des militaires ajustent la bretelle de leur mitraillette pour mieux tirer les barbelés.

— C'est bon, laissez passer ! crie le lieutenant qui salue mollement.

Devant, c'est la nuit, couchée sur le désert inconnu. Derrière le lieutenant Prouteau, le radio, un Affar, tripote les boutons d'un poste.

— Attention, Bravo Alpha de Charlie Delta, me recevez-vous ?

— Parlez, Charlie Delta !

— Nous venons de franchir le barrage. R.A.S.

— C'est reçu. Terminé.

Le lieutenant regarde autour de lui avec passion. Mais c'est la nuit noire, sans lune, seule une petite bande de sable sale jaillit sous les projecteurs faiblards de la jeep.

La jeep et le command-car roulent maintenant à soixante à l'heure.

Le barrage de sécurité a disparu, avalé par cette nuit tombale. Soudain, le capitaine se penche vers le tableau de bord. D'un geste sec, il coupe les phares. Le lieutenant Proutcau a l'impression de plonger dans l'encre de chine.

— Que se passe-t-il, mon capitaine ?

— J'ai ordre de couper les phares.

— Ce n'est pas possible ?

— Si, mon lieutenant, j'ai reçu des ordres stricts du général Brasart. Nous devons arriver très discrètement.

— Vous connaissez bien la route ?

— Non, je ne l'ai jamais empruntée...

— Eh bien, je crains quelques problèmes d'orientation, marmonne le lieutenant tandis qu'à l'arrière de la jeep, le radio trouve soudain un prodigieux intérêt à un bouton de son poste émetteur...

— Rassurez-vous, mon lieutenant, dit le capitaine d'une voix qui se veut ferme, on m'a dit qu'il n'y avait qu'à suivre la piste. On ne peut pas se tromper.

— L'ennui, capitaine, c'est qu'on ne voit pas la piste...

Pendant tout ce dialogue, les deux véhicules ont ralenti mais avancent toujours à une trentaine de kilomètres à l'heure.

Silence. Nerfs tendus. Le lieutenant Prouteau s'attend sans cesse à un choc, on ne se défait pas facilement des habitudes de civilisés.

— Mon lieutenant, je crois qu'on est sorti de la piste, on est secoué davantage...

— Ça devait arriver !

Les deux officiers descendent. Leurs yeux se sont accoutumés à l'obscurité. Mais ils ne voient rien quand même. C'est à tâtons qu'ils suivent les traces laissées par les pneus dans le sable, puis ils découvrent effectivement dix mètres en arrière un léger monticule qui borde la piste. Dans le command-car, les questions fusent. Le gendarme E. interroge d'une voix inquiète :

— Qu'est-ce qui se passe, mon lieutenant, on est perdu ?

— Négatif, mais le général a donné des ordres, pas question d'allumer les phares, alors ouvrir la piste, ce n'est pas facile...

Afin de ne pas saper le moral de ses gendarmes, le lieutenant Prouteau ne juge pas utile de leur préciser que le capitaine, chef du convoi, fait le trajet pour la première fois de sa vie !

Le convoi repart. Pas longtemps. Cinq cents mètres plus loin, les trois soldats de la jeep sentent nettement qu'ils franchissent à nouveau le petit talus bordant la piste. Nouvelle marche arrière.

— Mon capitaine, donnez-moi une minute, je vais faire sortir nos jumelles spéciales à amplification de lumière. Au moins, je pourrai voir la piste et vous guider.

Malheureusement, les jumelles ont voyagé dans la soute de l'avion, non préssurisée. Les optiques sont recouvertes de buée. Impossible de les utiliser. Le G.I.G.N. en tirera des leçons et nous verrons que ce ne sera pas la seule.

— Mon capitaine, mettez au moins les black-out (petites fentes de lumière d'une puissance équivalente aux lanternes).

— Non, non, s'emporte le capitaine, le général a donné des ordres stricts. Il n'en est pas question !

Le convoi roule maintenant à dix à l'heure. Le lieutenant, arc-bouté dans son siège, attend le choc. « On ne va jamais y arriver », pense-t-il.

Comme pour lui donner raison, cette fois, c'est le command-car qui s'est ensablé.

Tous les gendarmes du G.I.G.N. descendent, ils poussent. Le moteur ronfle, du sable jaillit sous les pneus qui fument. C'est reparti, mais les gendarmes ont compris, sans explication, que leur guide ne doit pas être le meilleur du désert... Encore deux cents mètres. Encore une sortie de piste. Marche arrière, jurons, sentiment total d'impuissance ! Quasi certitude de ne jamais y arriver. Les gendarmes n'ont pas dormi depuis vingt heures. Ils ont parcouru six mille kilomètres et se sont brutalement jetés dans une nuit aussi noire que le destin des otages. Mais au fond de chacun d'entre eux — ils me le diront plus tard — il y a le visage d'un enfant. Là-bas, dans le trou noir de la nuit, un car est arrêté. Trente enfants dorment malgré leur angoisse, malgré la mort qui rôde au bout des mitraillettes de leurs bourreaux. Il faut les sauver. Comme ses gendarmes, malgré la fatigue, la tension, l'inconnu, le lieutenant ne pense qu'à une seule chose : assurer le succès de sa mission. Il peste intérieurement contre ce capitaine qui obéit si aveuglément — c'est le mot — aux ordres. Il peste contre la nuit, contre le sable, contre la buée dans ses jumelles, et d'un seul coup... la jeep bascule. Dans un ultime réflexe de barreur, le lieutenant se met en rappel et se penche au maximum du côté de l'échancrure de la porte, comme si ses 75 kilos étaient suffisants pour retenir une tonne de ferraille ! mais en deux secondes, la jeep a définitivement basculé. Et, stupeur, le chef du G.I.G.N. se sent recouvrir par une eau chaude et saumâtre. Sa tête s'enfonce. Il étouffe. Mais très vite, il se dégage, remonte à la surface pour entendre le capitaine crier :

— Nom de Dieu ! le radio est coincé sous la jeep, il va se noyer !

Dans le command-car, qui suit la jeep avec mille difficultés, c'est la panique. Le lourd véhicule s'est arrêté trois mètres devant le trou d'eau.

Dans la nuit, des silhouettes s'affolent, s'interpellent :

— Mon lieutenant, qu'est-ce qui se passe ? vous êtes blessé ?

Le cri est sorti du cœur. Le lieutenant Prouteau n'oubliera

jamais l'amitié et l'affection des interrogations angoissées de ses hommes.

— Vite ! par ici ! venez m'aider à soulever la jeep et à dégager le radio qui a déjà avalé une bonne dose de flotte.

Alors les gendarmes explosent. Ils s'en prennent au pauvre capitaine qu'un ordre supérieur a mis à la tête de cette galère qui fait eau de toute part, au propre comme au figuré.

— C'est incroyable ! qu'est-ce que c'est que cette organisation ?

— On est sorti de la route quatorze fois, et maintenant vous avez failli noyer notre lieutenant et votre radio, vous n'êtes qu'un porte-galon ! explose le gendarme R...

Sans un mot, le capitaine fait le tour de la jeep, s'assied dans le sable, et se prend la tête entre les mains. Une odeur de vase se dégage lentement. Le radio, encore groggy, émet des râles inquiétants. Il vomit et commence à gémir.

— Bon Dieu, mais qu'est-ce que c'est que ce trou d'eau en plein désert, c'est pas croyable ! Le gendarme D. dit, tout haut, le sentiment de tous.

— Allez, on va pas rester là toute la nuit ! dit le chef W., manifestant ainsi l'esprit d'entreprise du G.I.G.N. Aidez-moi à sortir la jeep du trou d'eau.

Le lieutenant se met au volant, enclenche le crabot (quatre roues motrices), le réducteur et sous la poussée vigoureuse, la jeep est sortie de son cauchemar. Tous les gendarmes sont trempés. L'odeur de vase se fait plus insistante. Les deux véhicules, une fois de plus, font marche arrière pour retrouver la piste.

— Se noyer en plein désert, marmonne le lieutenant Prouteau... Personne ne nous croira...

Mais le G.I.G.N. n'est pas au bout de ses surprises. Ils ont parcouru plus de quinze kilomètres dans le désert, par une nuit d'un noir absolu « pour obéir aux ordres » et voici qu'arrive pleins phares... une ambulance. Avec, s'il vous plaît, le gyrophare bleu et le klaxon deux tons ! Les gendarmes sont stupéfaits. Ils croient d'abord — après ce qu'ils ont vécu, tout leur paraît possible — qu'on est déjà au courant de leur accident.

Mais l'ambulance passe sans les voir... Incroyable. Ils apprendront plus tard qu'il s'agit d'une ambulance civile appelée en renfort au cas où... le lieutenant commence à trouver la plaisanterie grosse et surtout un peu longue. Comme il conduit la jeep — le capitaine a pris la place passager — il dit :

— Bon, c'est terminé, je prends les opérations en main et je mets les phares.

Un éclat éblouissant de sable gris se jette devant les roues de la jeep et du command-car. Les yeux des gendarmes n'en reviennent pas. Ils avaient presque oublié que la lumière pût exister.

Un kilomètre plus loin, les premières lueurs d'un poste de gendarmerie se profilent à quelques centaines de mètres du fort, le G.N.A., le Groupe Nomade Autonome.

Dans la lumière d'une ampoule, et tandis que les hommes du G.I.G.N. sautent de leur command-car, le lieutenant Prouteau mesure soudain l'étendue du désastre. Ses hommes, déjà vêtus au départ de morceaux d'uniformes, ont complété le tableau de la parfaite unité d'élite en prenant le fameux bain visqueux. Ils sont sales, sentent mauvais. Lui-même se rend compte qu'il saigne du nez. Sans doute le choc dans le pare-brise. Sa demi-tenue camouflée est maculée de cambouis et de sang. Superbe — hallucinant — lamentable.

Les gendarmes du poste n'en croient pas leurs yeux. Sans poser de questions, ils disent au lieutenant : « Le général vous attend immédiatement ».

Précédé par un gendarme qui lui sert de guide, le lieutenant se dirige vers le P.C. opérationnel. Un petit sentier y conduit. La mer, à trente mètres, étale avec un soupir chacune de ses vagues. Une légère brise atténue la chaleur. Des tentes, des légionnaires en bivouac, des armes en faisceaux, des groupes électrogènes, qui ronronnent dans la nuit. Agitation... on sait que le G.I.G.N. est arrivé. Les gendarmes d'élite sont attendus comme le Messie. Le gendarme-guide entre sous la tente du général Brasart.

— Mon général, le chef des tireurs d'élite vient d'arriver.

Silence dans la tente du général, où une dizaine d'officiers supérieurs sont présents.

— Faites-le entrer, dit le général.

Et c'est l'un des moments psychologiques les plus durs pour le jeune lieutenant. La porte en toile s'ouvre. Et voici qu'entre une sorte de clochard, vêtu d'on ne sait quoi mais sâle, les cheveux encore frisés par le bain forcé, le pantalon maculé de taches non identifiées, le tout environné d'une odeur genre « retour de pêche à Fécamp ».

— Lieutenant Prouteau, commandant le G.I.G.N., à vos ordres, mon général.

Le jeune officier a essayé de compenser l'effet désastreux de sa tenue par un salut et un garde-à-vous super-virils.

Mais les yeux du général donnent le verdict. C'est la désillusion la plus totale, l'effondrement, la fin d'un espoir. Incrédule, le général demandera, suprême humiliation :

— C'est vous, le chef des tireurs d'élite ?

— Oui, mon général, je commande le groupe d'intervention de la Gendarmerie nationale. À vos ordres.

— Ah bon, laisse tomber le général, avec le même ton qu'il aurait employé pour dire passez-moi le sel... Vous êtes là avec vos hommes ?

— Affirmatif, mon général.

— Allons les voir...

Dans la clairière, derrière la tente état-major, une ampoule blafarde éclaire un étrange tableau. Image d'une armée en déroute, en guenilles, mouillée, sale et puante. Oui, vraiment, l'arrivée du G.I.G.N. était bien à l'image de son chef. Le général se tourne vers le lieutenant. Il y a dans son regard beaucoup de tristesse. C'en est trop pour Prouteau qui plaide sa cause :

— Vous savez, mon général, nous allons faire des actions qui vont vous étonner.

— Bon ! bon laissera tomber le général déjà ailleurs, que voulez-vous faire ?

— Pouvez-vous me donner le dernier point de la situation ?

— Venez !

Tout le monde se retrouve à nouveau sous la tente état-major. Le général explique :

— Il y a toujours trente enfants dans ce car sous la menace de trois hommes armés de mitraillettes. Les légionnaires tireurs d'élite ont refusé de faire un tir de neutralisation en raison du risque couru par les enfants.

— Je voudrais faire une reconnaissance immédiate.

— C'est bon, allez-y lieutenant, dit le général, fataliste.

Dans la nuit retrouvée, le lieutenant Prouteau, guidé par un officier de gendarmerie et accompagné du chef W..., se dirige vers la frontière de la Somalie, à six cents mètres environ du campement. Quelques palmiers rabougris se détachent du paysage, éclairés par les lampes disposées çà et là. Marchant côte à côte, les deux lieutenants s'éloignent, discutant à voix basse.

— Où est le car ?

— Là-bas, dit le lieutenant C... en désignant du doigt une direction perpendiculaire à la plage.

— À quelle distance ?

— Nous sommes à environ quatre cents mètres. Il est dangereux d'aller plus loin. On risque de nous tirer dessus et de mettre en danger la vie des gosses.

— Essayons de nous approcher davantage, j'ai besoin de voir pour agir.

— Bon, suis-moi...

Les deux lieutenants et le chef W... vont ainsi avancer jusqu'à environ deux cents mètres du car. Le lieutenant Prouteau va mieux comprendre la configuration du terrain. Du sable partout, un terrain pratiquement plat, un minuscule bouquet de buissons et un palmier qui peut servir de base de tir, un léger épaulement de terrain derrière lequel il pourrait enterrer ses tireurs d'élite.

— L'avant du car fait face à la mer, explique le lieutenant, et la mer est évidemment à ta gauche...

— Il faut que je m'approche encore, dit à voix très basse le lieutenant Prouteau.

— Tu es fou, la nuit, les bruits portent terriblement.

— Écoute, de jour, je ne pourrais rien faire, tout est plat, ma seule chance d'agir est maintenant. Reste ici, j'y vais avec W...

Le lieutenant Prouteau et le chef W..., à plat-ventre, commencent une longue reptation. Le sable s'infiltre dans leur col, dans leurs manches, dans leurs pantalons, dans leurs chaussures. Un instant ils se demandent s'il n'y aurait pas risque de rencontre avec des scorpions ou des serpents... mais les gosses sont là, dans le silence de la nuit. Il faut continuer. Seule la mer, à 100 mètres, exhale sa lente respiration rythmée. Après mille précautions, le lieutenant Prouteau et le chef W... arrivent à moins de 50 mètres du car, vague masse sombre dans la nuit sans lune. Soudain, un bruit de moteur. Un groupe électrogène vient d'être mis en route près du car, qui est éclairé d'un coup de projecteur. La situation est critique, les deux gendarmes ont le sentiment qu'ils sont vus de tous, que les armes vont aboyer. Rien. Les deux gendarmes regardent : le car est éclairé depuis la Somalie, et à côté du car, il y a deux automitrailleuses. Chaque centimètre carré de terrain est minutieusement repéré pour une éventuelle action. Il est presque cinq heures du matin. Le jour arrive très vite sous cette latitude. Il faut retourner.

Le silence retombe d'un seul coup sur la scène. Le groupe électrogène s'est arrêté, en panne. Mais nouveaux bruits de moteurs. Les deux automitrailleuses se mettent en marche et éclairent le car. Pas de doute, l'armée somalienne est partie prenante dans cette affaire. Les deux gendarmes à plat-ventre entendent les gardes somaliens discuter entre eux. À travers le faisceau du projecteur, ils observent les enfants qui dorment.

Mais certains se réveillent en sursaut, le sommeil peuplé de cauchemars. Alors, l'assistante sociale se précipite :

— Ce n'est rien, tout va bien, dors !

— Mais où est ma maman, pourquoi on dort ici ?

— Ta maman va bientôt venir, repose-toi, tout va bien.

Et la fillette rassurée se rendort... Mais dans le car, les deux gendarmes observent trois hommes, puissamment armés de fusils d'assaut MP 44. D'un signe de la main, le lieutenant fait signe au chef W... : demi-tour.

Avec précaution, les deux gendarmes s'éloignent en rampant ; un quart d'heure plus tard, le lieutenant se présente à nouveau devant le général Brasart. Le jour n'est pas encore levé. Mais il s'allume comme un projecteur qui embrase le ciel d'un seul coup. D'où l'inquiétude et le mécontentement du général :

— Mais enfin, lieutenant, où étiez-vous passé ?

— Je suis allé en reconnaissance mon général, je me suis approché du car pour bien comprendre la situation.

— Vous vous rendez compte, lieutenant, que le jour va se lever et que vos tireurs d'élite ne sont toujours pas en place ? Qu'est-ce que vous comptez faire ?

— Il y a encore quelque chose qui m'inquiète mon général. Les Somaliens sont partie prenante dans cette affaire. Ils apportent une aide substantielle aux terroristes.

— C'est impossible, lieutenant, nous avons des assurances formelles de l'ambassade de Somalie.

— J'espère me tromper, mon général, mais hélas, je ne le crois pas. Le car est à quinze mètres du poste somalien, et j'ai constaté qu'il y avait complicité entre les preneurs d'otages et les soldats somaliens.

— Je vous assure que non, lieutenant. Expliquez-moi plutôt vos intentions ?

— Nous allons immédiatement nous mettre en place. Dès que l'occasion se présentera, nous abattrons d'un seul coup les trois terroristes, même s'ils se cachent au milieu des enfants.

Stupeur du général Brasart.

— Vous plaisantez, lieutenant !

— Pas du tout, mon général, c'est la seule solution.

— Mais... vous êtes sûr de vos tireurs ?

— C'est évident ! mon général. On le fera !

Cette fois, le général marque sa surprise. Le lieutenant dépenaillé et sale a l'air sûr de lui et de ses hommes. Finalement, c'est peut-être un professionnel, malgré les apparences. Le général se tourne alors vers M. Dablanc, haut-commissaire du Gouvernement.

— Vous avez entendu, qu'en pensez-vous ?

— Eh bien, répond le haut-commissaire, s'il dit qu'il peut le faire, faisons-lui confiance, c'est un spécialiste. Je vais rendre immédiatement compte à Paris.

Un ultime doute assaille tout de même le général qui demande une dernière fois à Prouteau.

— Vous êtes bien sûr de pouvoir le faire ?

— Écoutez mon général, si je n'étais pas sûr, je ne serais pas là !

— Bon d'accord, je vous fais confiance.

Le général marque un temps, puis ajoute cette phrase sublime :

— De toute façon, je n'ai pas le choix !

Il est 5 heures 30 du matin. Dans une demi-heure, le jour va se lever à l'africaine, d'un coup. Le lieutenant réunit ses hommes, leur explique la situation, la position du car. Puis le G.I.G.N. s'enfonce dans la nuit qui s'achève. Chaque gendarme se voit attribuer une position précise que le lieutenant a soigneusement repérée lors de sa reconnaissance. Un par un, l'officier place ses hommes. Au bout de la nuit, à deux cents mètres, le petit projecteur est à peine visible. Avec une grande habitude, les gendarmes observeront vaguement la masse sombre du car. Les sept gendarmes reçoivent l'ordre d'approvisionner leurs armes. Le lieutenant leur a expliqué qu'ils recevraient l'ordre de tirer très rapidement, dès le lever du jour. Chaque gendarme est relié au lieutenant par le poste radio du chef W... qui se trouve allongé derrière eux. Le lieutenant dispose en plus, d'un autre poste sur une autre fréquence qui lui permet d'être en liaison avec le P.C. du général. Prouteau et le gendarme L... sont dissimulés derrière un palmier rabougri au pied duquel plusieurs buissons épineux ont poussé. Il est 6 h 25. D'un seul coup, le jour se lève, en trois minutes, comme si on amplifiait la lumière d'un projecteur avec un rhéostat. Un froid glacial s'abat sur les hommes, stupéfaits. Ils avaient quitté l'hiver de Paris, où il faisait moins trois, ils étaient arrivés en pleine nuit à Djibouti vêtus chaudement, et il faisait plus trente, ils s'étaient mis tant bien que mal en tenue sahara, avaient pris un bain forcé qui les avait au moins rafraîchis, et voici qu'au moment où le soleil se levait, ils étaient soudain transis de froid ! Quelle diablerie leur jouait donc ce désert ? Cétait tout simplement le phénomène d'inversion de température. Car au Sahara comme en France, la température la plus basse est atteinte *au lever du soleil*. Le lieutenant sent soudain des picotements dans sa gorge.

— Une angine, il ne manquerait plus que ça, murmure-t-il au chef R...

— Moi aussi, je ne me sens pas très bien, répond le gendarme, transi de froid.

Le lieutenant Prouteau se rend compte alors que dans le feu de l'action et des émotions, personne n'a mangé ni bu depuis le départ de Paris, c'est-à-dire depuis vingt heures ! Autre pénible constatation, on a oublié de les munir d'une casquette. Or, le soleil va taper dur ! Mais ce qui compte, c'est de sauver les gosses, de sortir vivant les trente fillettes et garçonnets menacés par des fusils d'assauts. Le lieutenant saisit le micro de la radio le reliant au général Brasart :

— Attention, Autorité d'Alpha autorité, nous sommes prêts à intervenir et attendons vos instructions !

— Prenez patience. Ça ne va pas être long. J'attends le feu vert du gouvernement.

Progressivement le soleil grimpe dans le ciel, la scène du drame est parfaitement éclairée par la douce lumière du petit matin. Là-bas, à deux cents mètres, le car, et quinze mètres plus loin, le bâtiment des militaires garde-frontière somaliens. De part et d'autre du bâtiment, deux automitrailleuses. Dans les viseurs optiques des fusils — ils ont voyagé en cabine passagers, donc pas de problème de buée — chaque gendarme reconnaît son objectif. À travers les vitres du car, ils voient les têtes des enfants, celle du chauffeur militaire prostré sur le siège avant, celle de l'assistante sociale qui essaye de rester éveillée, celle des trois hommes qui n'ont pas hésité à prendre ces enfants en otage pour une opération à la fois absurde et ignoble.

Derrière les six gendarmes, allongés en demi-cercle dans le sable, se trouve le chef. Lui seul dispose d'un poste radio le reliant au lieutenant Prouteau pour permettre le code de tir. Une méthode simple et sûre. Chaque terroriste est désigné d'un numéro : le plus à gauche porte le n° 1, le plus à droite le n° 3. Si le n° 3 passe à la place du n° 1, eh bien il devient le n° 1 . Pas de possibilité d'erreur. À quatre reprises, entre 6 h 30 et 7 h 30, les 6 gendarmes (deux fusils par terroriste) auront la possibilité de tuer simultanément les trois terroristes. Mais, toujours pas d'ordre du général. Une nouvelle fois, le lieutenant Prouteau appelle le P.C.

— Autorité, me recevez-vous ? ici Alpha autorité.

— Parlez, Alpha autorité.

— Nous avons eu à plusieurs reprises la possibilité de conduire à bien notre mission. Quand pensez-vous avoir le feu vert ?

— On n'a pas encore le top, on vous préviendra.

Pendant que les huit hommes du G.I.G.N. — six en demi-cercle fusil à l'épaule, le chef W... derrière eux pour assurer la liaison radio, le chef T... et le lieutenant Prouteau dans leur buisson d'épineux à une extrémité du demi-cercle — commencent à cuire sous un soleil cruel, de difficiles négociations continuent entre la France et les terroristes.

C'est le commissaire Moura, policier parlant couramment

l'arabe, qui est chargé du contact. Il en reviendra avec la certitude que les terroristes ne céderont rien.

— Ce sont des hommes déterminés, mon général, expliquera le commissaire. Ce qui m'inquiète, c'est que leur tribu à l'habitude d'égorger l'ennemi. J'ai de très grandes craintes pour la vie des enfants.

À 8 h 15, un message est envoyé par les terroristes comme pour donner raison au commissaire Moura.

« Si vous ne donnez pas l'indépendance à Djibouti, si la France n'évacue pas ses troupes d'occupation dans les 24 heures, nous égorgeons les enfants. »

C'est la panique. Paris alerté donne le feu vert, mais à une condition : le feu ne sera ouvert que si un seul terroriste se trouve au milieu des enfants, les autres devant être descendu du car. Extraordinaire restriction de tir ! Le lieutenant a beau parlementer, expliquer, rien à faire, ce sont les ordres.

— Mais il n'y a pas une chance sur mille pour qu'une telle situation se produise !

— Ce sont les ordres, lieutenant...

Le lieutenant prend son deuxième poste de radio pour rendre compte au chef W..., couché à quatre mètres derrière les six gendarmes en demi-cercle... Pas de radio : la batterie s'est déchargée. Et la batterie de rechange aussi. Encore une conséquence du voyage en soute dans l'avion.

Chaque gendarme commence à trouver le temps long et le soleil de plus en plus lourd...

Mais la malchance du G.I.G.N. tourne soudain avec le vent de mer. Une brise s'est levée. Elle vient du car vers les gendarmes et emporte les bruits. À 183 mètres du car — le rapport militaire l'établira plus tard — les gendarmes entendent les voix des militaires et des civils. Car à Loyoda, petite bourgade située en arrière du poste de frontière, la vie continue comme si rien de grave ne se passait. À voix basse, les gendarmes s'interpellent.

— Mon lieutenant, vous m'entendez ?

— Oui, allez-y, R...

— Mon lieutenant qu'est-ce qu'on fait ?

— Vous ne bougez pas, vous continuez à surveiller les salopards…

À 7 h 30, la deuxième radio du lieutenant Prouteau grésille, celle qui le relie au général Brasart.

— G.I.G.N. autorité Alpha autorité, me recevez-vous ?

— Parlez, Alpha autorité !

— Attention, une jeep va apporter le petit déjeuner aux enfants. Nous venons d'avoir l'accord des gars d'en face.

— Bien reçu.

Effectivement, cinq minutes plus tard, une jeep conduite par un gendarme se dirige à petite vitesse vers le car, venant du côté français. De l'autre côté, le silence est retombé brusquement. Dans le car, la tension monte. Les trois terroristes braquent leurs armes sur la petite tache sombre qui grossit sur le jaune éclatant du désert. C'est pour eux une menace potentielle. Dans leurs lunettes de tir, les neuf gendarmes du G.I.G.N. suivent le moindre détail. Un léger nuage de sable jaune se soulève derrière la jeep qui s'arrête brusquement, sur le signe impérieux de l'un des trois terroristes. À travers leurs optiques, les hommes du G.I.G.N. voient le gendarme du poste frontière lever les mains, descendre de la jeep, s'approcher d'un terroriste qui braque son fusil d'assaut. Le gendarme est fouillé, puis il retourne à la jeep et ouvre une à une les norvégiennes (cantine comportant des plaques chauffantes). Le petit déjeuner est enfin servi aux enfants.

— Nom de Dieu ! murmure soudain le gendarme R…

— Qu'est-ce qui se passe interroge son voisin le gendarme D…

— Regarde, à gauche, près du conducteur.

Le gendarme D… dévie de quelques degrés son angle de visée. Dans le croisillon, une tête de terroriste vient d'apparaître. Une nouvelle tête !

— Mon lieutenant, ils sont quatre !

D'un coup de jumelles, le lieutenant Prouteau vérifie. Effectivement, il y a bien un quatrième homme armé dont l'attitude ne laisse aucun doute. Les terroristes prennent soin de ne pas monter dans le car tous en même temps. Ils se reposent à l'extérieur, entre le car et le poste frontière somalien. Face à ce quatrième terroriste, le lieutenant Prouteau aligne ses deux fusils de secours. Maintenant, il n'a plus de réserves.

Il est 9 heures. Le sable brille sous un terrible soleil. L'horizon vacille sous la chaleur. Dans leur creux, les gendarmes grillent. Ils n'ont toujours rien bu, ni mangé. Et pas question de les ravitailler en plein jour, sans le moindre replis de protection. À l'extrême gauche, le gendarme R..., est soudain pris d'une irrésistible envie de se gratter. Le sable est entré partout, dans ses chaussures, dans son pantalon, sous sa chemise, entre ses doigts où il forme des petites croûtes, au plissement des yeux, entre les dents où il crisse désagréablement lorsqu'il humecte ses lèvres.

— Putain de sable, ça me gratte partout !

La réflexion faite à mi-voix est entendue par tous. Comme un coup de baguette magique maléfique, chacun prend brusquement conscience de ses propres malheurs. En trente secondes, les neuf gendarmes, avec lenteur essayent de se gratter « là où çà les démange ». C'est-à-dire sur tout le corps. Mais chaque mouvement ne fait qu'aggraver l'invasion jaune du désert sur leur peau.

Dans les jumelles du lieutenant Prouteau, un âne se détache soudain. Un âne chargé de deux gros colis, enveloppés dans de vieilles couvertures. Et l'âne au petit trot quitte Loyoda, en arrière du poste frontière, et se dirige droit dans le désert, droit sur les neuf gendarmes.

— Mon lieutenant, vous avez vu l'âne ? demande à mi-voix le gendarme L...

— Affirmatif, il vient droit sur nous.

— Mon lieutenant, y a un gus qui le poursuit !

Effectivement, le lieutenant Prouteau qui suit toujours l'évolution de l'animal constate qu'un homme enveloppé d'une djellaba et brandissant une badine, s'est lancé à la poursuite de son bien.

— Mon lieutenant, c'est un piège, ils envoient quelqu'un pour nous repérer.

— Ça va nous péter à la gueule ! l'âne est chargé d'explosifs télécommandés, ajoute le chef G...

— Écoutez-moi, dit le lieutenant à mi-voix, nous ne pouvons pas prendre de risques. Si l'âne dépasse le gros caillou noir, cinquante mètres devant vous, abattez l'âne et ouvrez le feu sur les terroristes !

Dans les viseurs des fusils à lunette, les gendarmes du G.I.G.N. voient grossir leur cible. L'âne continue imperturbablement sa course. Il vient de passer près du car. Dix mètres derrière l'animal, vociférant sans doute d'horribles jurons, gesticulant, l'Arabe en djellaba essaye de le rattraper. Maintenant, les deux silhouettes grandissent démesurément dans les viseurs. À cinquante mètres, dès que l'âne aura dépassé la pierre noire, ce sera l'ouverture du feu dans des conditions dramatiques parce que précipitées. L'âne est maintenant à trente mètres de la pierre, c'est-à-dire à quatre-vingts mètres des fusils. Plus que vingt mètres. Dix mètres. Imperturbable, l'âne avance toujours au même petit trot qui lui permet de maintenir la distance qui le sépare de son maître, moins agité après deux cents mètres de course dans le désert, mais tout aussi vociférant. Sur les gachettes des fusils FR F 1, les doigts se raffermissent. Encore cinq mètres, deux mètres... STOP ! incroyable ! L'âne s'est arrêté instantanément, comme s'il avait heurté un mur invisible.

— Ne tirez pas ! murmure Prouteau.

Les transpirations redoublent.

— C'est un piège, mon lieutenant, le gars vient pour espionner !

— Ne tirez pas, répète Prouteau en faisant un geste, la main à plat, au ras du sol. Chaque homme entend parfaitement les insultes de l'Arabe qui vient de rejoindre — enfin — son bien !

Il attrape sa monture par le licol, et à grands coups de triques sur la croupe lui fait retrousser chemin.

Dans le dos des neuf gendarmes, la sueur coule en fines rigoles.

— Ben merde ! concluera le gendarme J..., il pourra bénir Àllah, ce « gus » !

Attendre, attendre sous le soleil qui monte. Le gendarme D... brusquement pense au bar du groupement de gendarmerie mobile à Maisons-Alfort. Il commande une bière, « Bien fraîche, s'il vous plaît ! » Elle est là, sur le comptoir... Non, sur le sable... il ne sait plus. Le soleil tape, mitraille de ses rayons invisibles les neufs silhouettes immobiles. Le gendarme D... voit la buée sur son verre de bière... Inconsciemment, il passe sa langue à peine humide sur ses lèvres sèches. Bon Dieu, qu'elle va être bonne cette putain de bière, avec son faux-col. Ça n'a duré que quelques secondes... Le mirage dû au soleil et à la fatigue s'estompe. Là-bas, la silhouette sombre du car remplace progressivement le verre de bière fraîche. Des ondes de chaleur montent de tous côtés faisant vaciller le désert dans une symphonie suffocante de jaune.

— Attention, G.I.G.N. autorité, me recevez-vous ? Parlez !

— Ici Soleil (l'indicatif personnel du général Brasart), vous êtes à nouveau autorisés à ouvrir le feu dans les conditions précédentes, c'est-à-dire : un seul terroriste à bord du car, les autres à l'extérieur.

— Mais, mon général, c'est impossible ! Maintenant ils sont quatre. Il y en a toujours au moins deux, et très souvent trois, à bord.

— Désolé, lieutenant, ce sont les ordres. Terminé.

Pendant quelques secondes, l'officier réfléchit. Il n'a plus de radio ! La chaleur est insupportable. Ses hommes n'ont rien bu ni mangé depuis vingt-quatre heures. Ils n'ont même pas une casquette pour se protéger du soleil en plein désert. La situation n'est guère glorieuse. Mais sa décision est prise. Le G.I.G.N. est venu pour sauver trente enfants. Il le fera. Il doit réussir. À voix basse, profitant du vent qui vient du car et porte leurs voix côté français, le lieutenant Prouteau murmure à voix basse :

— Dites vos codes !

— Comment, mon lieutenant ? demande le gendarme qui est à quatre mètres du palmier.

Le lieutenant reprend un peu plus fort :

— Dites vos codes !

Cette fois, même le gendarme R..., le plus éloigné, a entendu. À voix un peu plus haute, toujours protégés par le vent favorable, les gendarmes répondent :

— Un !

— Deux !

— Trois !

— Quatre !

— Bien, répond le lieutenant, à partir de maintenant, tir réel !

Mais jamais les conditions ne sont réunies. On voit bien les quatre terroristes, mais jamais ensemble. Et quand par hasard ils sont tous les quatre dans les lunettes des fusils, c'est qu'ils sont dans le car. Or, les ordres sont formels : ouverture du feu que si un seul terroriste est parmi les enfants, et les trois autres à l'extérieur. Interminable, le code de tir égrène les secondes.

— Un !

— Deux !

— Quatre !

— Un !

— Trois !

— Quatre !

— Merde ! crie soudain à mi-voix le gendarme R..., et il enchaîne aussitôt : Mais y sont combien, ces salopards ?

Les regards se vrillent davantage sur les lunettes. Effectivement, un cinquième terroriste vient de se découvrir. Il porte une djellaba blanche, un kheffieh (turban) et un fusil d'assaut. Plus grave encore, les gendarmes constatent que cet homme vient tranquillement du poste frontière somalien situé de l'autre côté du car par rapport au G.I.G.N., le car et le poste somalien étant séparés par une quinzaine de mètres.

— Mon lieutenant, ça tourne mal, les Somaliens sont avec eux !

Prouteau saisit le micro de la radio qui le relie au P.C.

— Attention, Soleil pour G.I.G.N. autorité...

Un grésillement, quelques secondes, puis :

— Parlez, G.I.G.N., ici Soleil !

— Mon général, j'ai l'intime conviction que les Somaliens sont avec les terroristes dans cette affaire.

— Négatif, lieutenant ! Ayez confiance ! Nous avons des assurances. Où en êtes-vous ?

— Pour l'instant, impossible d'ouvrir le feu, compte tenu de vos instructions.

— Elles sont maintenues, lieutenant. Terminé !

Le gendarme L..., qui a terriblement mal au dos, a entendu la conversation. Il partage avec le lieutenant Prouteau le douloureux privilège d'être couché dans le sable, à l'abri de deux buissons épineux, au pied du seul palmier à trois cents mètres à la ronde.

— Mon lieutenant, c'est une embuscade, on va tous y rester !

— Oui, mais je me demande ce que fabriquent les deux groupes de soldats somaliens qui sont dans la palmeraie, cent mètres derrière le car...

Effectivement, à la jumelle, le lieutenant Prouteau observe une soixantaine de soldats répartis en deux groupes et qui ont l'air de s'affairer autour de deux points précis de la palmeraie...

C'est le chef G... qui l'a vu le premier. Là-bas, à la sortie du tout petit village de Loyada, un gros chien jaune sale se dirige vers le car, suivant presque le même trajet que l'âne une heure plus tôt.

— Mon lieutenant, alerte au chien !

Prouteau saisit ses jumelles. Le chien gambade, renifle les

vieux papiers jetés par les enfants après leurs repas, puis... se dirige droit sur eux.

— Qu'est ce qu'on fait, mon lieutenant, on tire s'il dépasse le caillou noir ?

— Négatif, cette fois ça ne peut pas être un piège. Laissez ce chien tranquille, il ne peut guère nous gêner.

Erreur. Le chien continue d'avancer dans le désert, droit sur la ligne de feu des gendarmes.

— Il vient droit sur nous, mon lieutenant, il va nous faire repérer !

— Ne bougez pas, laissez-le faire !

À dix mètres du premier gendarme, le gros chien jaune s'arrête brusquement. Il a senti la présence des hommes. Avec précautions il s'approche. Amis ou ennemis ? Il ne sait pas encore... Le gendarme D... lui parle à mi-voix, tout en se faisant le plus petit possible dans son trou.

— Fous le camp ! tire-toi, sale bête ! Mais il est con, ce chien, il va nous faire repérer !

Chaque gendarme imagine que les rebelles suivent avec attention les déplacements du chien et qu'ils vont ainsi découvrir leur emplacement. Mais pour le chien, habitué aux pierres, aux coups de pied et aux insultes vigoureuses, cet homme, ces hommes qui lui parlent à voix basse et qui n'ont aucun geste menaçant à son encontre, ces hommes sont évidemment des amis. Rassuré, remuant la queue, le gros chien jaune vient renifler le visage du gendarme D... Paralysé par la colère contre « ce con de clébard », le gendarme D... va devoir subir toute l'affection de son ami inconnu. Le bon gros chien lui lèche maintenant le visage de sa grosse langue chaude et gluante. On ne saura jamais très bien la part qu'il faut attribuer à l'affection du toutou, et à son goût pour l'eau salée qui coule sur le visage du malheureux gendarme. Chaque homme du G.I.G.N., aura successivement droit à cette visite... alléchante. Son affection et sa soif doublement comblées, le gros toutou repartira vers les lignes arrières.

— Traître ! murmurera le chef T...

— Mon lieutenant, on va mourir de soif !

Le gendarme R... est l'un des plus durs du groupe. S'il commence à se plaindre, c'est vraiment que tous sont à bout.

— Prenez un petit caillou dans la bouche, dit le lieutenant à voix basse. Ça trompera la soif.

Et chaque gendarme de chercher dans le sable, avec des gestes lents, en s'aplatissant encore davantage. Pas facile de trouver un caillou dans le sable...

Il est onze heures. Il fait 42° à l'ombre. Mais ici, il n'y a pas d'ombre. Le thermomètre doit allègrement flirter avec les 50°.

— Y manquait plus quc ça !

Le gendarme D... grommelle, apparemment furieux contre lui.

— Que se passe-t-il ?

— J'ai envie de pisser, mon lieutenant !

— T'as qu'à pisser dans ton pantalon, répond son voisin sans le moindre sourire.

— Pas question, ça va puer en séchant. Qu'est-ce que je peux faire mon lieutenant ?

— Mettez-vous sur le côté, creusez une petite cuvette dans le sable et soulagez-vous...

Le gendarme D... se met sur le côté, avec sa main droite, il creuse une cuvette, bientôt imité par la plupart des tireurs d'élite.

11 h 30. Les vessies sont soulagées, mais les épreuves sont loin d'être terminées. La température continue de monter. Il fait au moins 52°. Les hommes transpirent depuis six heures du matin. Une sueur qui se fait plus rare, plus acide, plus salée. Une sueur qui coule dans les yeux, une sueur qui brûle de plus en plus les cornées.

— J'y vois plus rien, j'ai les yeux en feu, mon lieutenant.

— L..., relayez D... au tir.

Le gendarme D... se prend la tête dans les mains. Il ferme les yeux. Une atroce brûlure lui donne envie de hurler.

— Je transpire du sel, murmure-t-il à son voisin.

— Pareil pour moi, ça devient impossible.

— Mon lieutenant, j'y vois double, ça danse devant mes yeux !

Effectivement, l'augmentation de la chaleur accentue le phénomène de mirage. Le car a l'air secoué par d'énormes vibrations. Les enfants, pourtant sagement assis et souvent endormis, ont l'air pris par une mystérieuse danse de Saint-Guy...

— J'en vois six, mon lieutenant, j'en vois six !

Le lieutenant, sur qui s'amoncellent tous les malheurs du monde à une cadence accélérée, croit dans un premier temps que les mirages et la chaleur sont responsables de cette nouvelle apparition maléfique. Mais non, dans ses jumelles, il voit bien un sixième homme. Le gendarme L... à ses côtés bougonne.

— Encore un effort, mon lieutenant, et il y aura plus de terroristes que de fusils.

11 h 40.

— J'en vois sept !

11 h 45.

— Mon lieutenant, ils sont huit !

Abasourdis, les gendarmes du G.I.G.N. découvrent alors l'étendue du drame. Ils sont six tireurs. Les terroristes sont huit. Ils se relèvent environ toutes les demi-heures. Cinq d'entre eux restent dans le car, les trois autres vont se restaurer à l'intérieur du poste somalien !

— Heureusement qu'ils ne sont jamais tous les huit en même temps dans le car, mon lieutenant, murmure le chef G... qui continue à transpirer à grosses gouttes. Qu'est-ce qu'on va faire avec cinq terroristes dans le car et six fusils ?

— On doit quand même réussir cette mission. D..., vous m'entendez ?

Le gendarme D..., situé à une dizaine de mètres du palmier, acquiesce.

— C'est vous qui avez le meilleur poste de tir, vous êtes

chargé de doubler le tir de vos camarades s'il y a un raté.

— Bien, mon lieutenant.

Il n'y a donc plus maintenant qu'un fusil à lunette par terroriste et un sixième fusil pour rattraper une éventuelle erreur.

11 h 45. Le gendarme R... voit parfaitement la tête du terroriste le plus à gauche du car. Il est assis juste derrière le conducteur. Le croisillon de la lunette est posé en permanence sur sa tête.

— Un ! dit le gendarme R... pour signifier qu'il peut ouvrir le feu sur sa cible sans danger pour les enfants-otages. Mais avant même que le deuxième gendarme ait dit deux, le gendarme A... pousse une exclamation.

— Halte au tir, j'ai un chameau dans ma ligne de tir !

— Tu déconnes, lui dit son voisin, t'as une insolation !

Mais non ! un chameau vient de surgir par la gauche du car qui le masquait jusqu'à présent. Et le « vaisseau du désert » passe de sa démarche noble dans la ligne de tir successive des six hommes du G.I.G.N. toujours prêts à tirer.

— Un chameau ! dit le gendarme D..., après l'âne et le chien ! Si ça continue, on va voir le monstre du Loch Ness !

Il est midi. Les forces s'épuisent encore. Le lieutenant pense à Dieu qui l'abandonne. Il se surprend à philosopher. « Pourquoi abandonner ces enfants innocents, pourquoi favoriser sans cesse ceux qui veulent les abattre en humiliant la France. » Mais Dieu ne répond pas. Seul le léger vent du désert fait doucement bruisser les épineux désséchés.

— On y arrivera jamais, mon lieutenant !

La réflexion du gendarme R... résume bien ce que chacun pense. Le moral est à zéro.

— C'est une affaire pourrie ! Tous les gosses vont y rester ! renchérit le gendarme R...

Il faut réagir.

— Écoutez tous, dit le lieutenant. Si vous n'êtes pas capables de faire ce métier, il fallait faire autre chose et en tous cas, y penser avant ! Nous devons sauver ces enfants et nous le ferons. Si vous n'êtes pas aussi sûrs, aussi forts que je l'espère, vous n'êtes pas dignes d'être au G.I.G.N.

Un long silence succède à cette déclaration qui se veut vigoureuse. Dans ce moment de détresse absolue, le lieutenant sait très bien qu'il est la seule partie lucide et pensante de l'ensemble de son commando.

Au moindre signe de défaillance personnelle, c'est tout le dispositif qui risque de s'effondrer.

— Allez, faites tous un effort, essayez encore de tenir. Il faut tenir. Il faut sauver ces gosses !

Le coup de fouet psychologique donné par le lieutenant était bien nécessaire à ces huit gendarmes en perdition complète, pour une mission impossible dans des conditions effroyables. Le gendarme J..., le plus éloigné du lieutenant, est encore sous le coup de la « colère » du patron. « Il a raison pense-t-il, il faut sauver ces mômes. On doit tenir. » J... pense à son gosse, un garçon de huit ans, l'âge de ceux qui sont dans le car, face aux canons des fusils d'assaut.

Midi. Il faut faire bouger les terroristes, il faut créer une diversion, pense Prouteau. Il saisit le micro.

— Attention, Soleil pour G.I.G.N. Autorité.

— Parlez, G.I.G.N.

— Mon général, faites apporter les repas de midi aux enfants. Cela créera une diversion qui nous permettra peut-être d'intervenir.

— C'est d'accord.

Une heure plus tard, à 13 heures, une camionnette s'approche du car. Là-bas, tout s'est immobilisé. Les gendarmes constatent que même les soldats somaliens se mettent en position de combat dans leur palmeraie. Des claquements de culasse parviennent jusqu'aux oreilles des hommes du G.I.G.N. La nervosité des terroristes est grande et visible. Le gendarme du fort français qui conduit la camionnette s'est mis en civil pour ne pas ajouter à la méfiance des preneurs d'otages.

En un quart d'heure, le repas est servi. Les gendarmes sont

prêts à tirer. Ils sont tendus, eux aussi. Mais jamais les cinq terroristes ne seront dans la position souhaitée. La camionnette repart. Les bruits s'estompent. Le calme revient. La chaleur continue d'augmenter. Au centre de la ligne de tir, le gendarme D... s'inquiète. Dans sa lunette de visée, il se passe d'étranges phénomènes.

— Mon lieutenant ! je vois des points rouges et blancs !

— Moi aussi, mon lieutenant ! renchérit le gendarme R...

— Vous avez un début d'insolation. Je vais demander une pause au général, répond le lieutenant Prouteau.

Car depuis le lever du soleil, depuis 5 h 30 du matin, les six gendarmes tireurs d'élite, derrière leurs fusils, les deux autres gendarmes servant de renforts, et le lieutenant Prouteau n'ont pas bougé. Ils n'ont rien bu, rien mangé. Mais ils ont transpiré... transpiré jusqu'à leurs réserves. Ils ont senti monter dans leur crâne la chaleur sèche du sable jaune. Ils ont subi, sans le savoir, l'une des tortures les plus abominables que pratiquent certaines tribus du Hoggar : attacher un homme vivant, et le laisser mourir sur une dune de sable écrasée par le soleil. La seule différence, c'est que leurs « liens » sont moraux : ils veulent réussir leur mission pour sauver trente enfants.

— Soleil, me recevez-vous ? Parlez !

— Je vous reçois, G.I.G.N., parlez !

— Je demande une pause mon général. Mes hommes ne peuvent plus tenir. Deux de mes gendarmes souffrent d'un début d'insolation...

— Je comprends, lieutenant. Il est 13 h 30, je vous demande de tenir jusqu'à 14 heures.

— Non, mon général. Vraiment, il faut que nous fassions une pause, nous ne sommes plus en état de remplir correctement notre mission.

Dans sa tente, le général Brasart secoue gravement la tête. Avant de rappuyer sur le micro, il dit à ses officiers qui l'entourent : « Le plus extraordinaire, c'est qu'ils aient réussi à tenir jusque là. »

— C'est d'accord, lieutenant. Pause accordée pour vos hommes. D'ailleurs, ça nous arrange, car les moteurs des auto-mitrailleuses commençaient à chauffer sérieusement.

Les auto-mitrailleuses étaient cachées derrière le fort militaire français, à environ un kilomètre et demi en arrière du commando G.I.G.N. Il était entendu qu'en cas d'ouverture du feu par les gendarmes, la Légion partirait à l'assaut du car pour appuyer le feu du G.I.G.N.

— Merci, mon général, mais j'ai encore une requête. Mes hommes n'ont rien bu, ni mangé depuis 30 heures. Est-ce que vous pourriez nous faire parvenir un peu de pain, surtout de l'eau, et des casquettes, car nous sommes tous tête nue... Ainsi que des cachets contre la déshydratation.

— Je vais voir cela avec le médecin. Pouvez-vous nous envoyer quelqu'un ?

— Bon, je vais essayer, mon général. Terminé.

Première opération délicate, il fallait regrouper les hommes pour qu'ils puissent se reposer à l'abri du palmier et des buissons d'épineux, l'ensemble formant un obstacle naturel d'environ trois mètres de diamètre à sa base, qui permettait tout juste de soustraire le commando aux yeux des terroristes. Mais le plus dur était de ne pas se faire voir lors de l'approche du palmier en rampant. Une fois de plus, l'improvisation réfléchie va être la meilleure des solutions. Le lieutenant Prouteau va regarder les terroristes à la jumelle. Chaque fois que leurs regards ne se dirigeront pas en direction du commando, le lieutenant Prouteau dira à mi-voix :

— Allez-y.

Et sept serpents recouverts de poussière se tortilleront en collant au sable pour se diriger vers l'abri naturel.

— Stop !

Instantanément les sept gendarmes sont tétanisés. Chacun imagine être vu par l'un des terroristes. Chacun voit se lever le canon d'un fusil d'assaut vers le bourrelet qu'il représente sur l'horizon du désert... Mais non. Rien. Et puis le palmier béni, les deux buissons d'épineux qui meurtrissent les chairs. Pour les gendarmes c'est un luxe extraordinaire, un luxe qu'ils n'auraient jamais imaginé atteindre dans leurs rêves les plus fous. Ils peuvent enfin s'asseoir et bouger un peu. C'est le gendarme J... qui est chargé d'aller chercher de la nourriture. En rampant, ayant toujours soin de laisser le palmier entre lui et l'axe de vision des terroristes du car, il réussit à regagner la base arrière et à revenir par le même chemin. Mission difficile. Non seulement il faut ramper dans le sable brûlant, mais il faut traîner quatre gourdes d'eau et une sacoche. Encouragé de la voix par ses camarades, le gendarme J... termine, épuisé les deux cent cinquante mètres de reptation. D'un geste, il tend les gourdes. Une eau tiède au goût infect coule dans les gosiers, ce sera sans doute la boisson la plus merveilleusement désaltérante, la boisson la meilleure que les gendarmes boiront de toute leur vie. Cette eau, ils en rêvaient depuis le matin, 5 h 30, depuis le lever du terrible soleil. Cette eau, enfin, coulait dans leurs gosiers. La soif étanchée, la faim apparaît brusquement, insolente, puissante, dominatrice. Et ce fut le « repas ». Sur du pain sec, un pâté tiède, gras et mou était étalé au poignard. Une odeur écœurante souillait soudain le vent du désert. Ah ! ce pâté tiède et gras... Quel repas gastronomique ! Là encore, vidés de leurs forces et de leur substance, les neuf gendarmes mangeaient avec application. J... résuma l'opinion de tous :

— Putain, que c'est bon !

Ultime luxe, chacun absorba des cachets de sel — pour lutter contre la déshydratation — et des cachets de vitamines. En vingt minutes, le moral du commando était à nouveau au beau fixe. Évidemment, à tour de rôle, un gendarme observait le car à travers les buissons d'épineux. C'est à 15 h 20 que quelque chose de nouveau apparut dans les jumelles du lieutenant Prouteau. Dans le car, après le repas servi aux enfants, le calme était brusquement revenu. Les enfants, en pleine digestion, somnolaient sur les banquettes. Contraste considérable avec ce qui s'était passé pendant la matinée, où les gosses n'avaient cessé de se déplacer, gênant souvent l'éventuelle ouverture du feu. Dans ses jumelles, le lieutenant Prouteau détaille minutieusement toute la scène. Il aperçoit les petits visages aux yeux fermés, petits visages fatigués par quarante heures passées dans cette carcasse brûlante. Trois terroristes sont à bord. Deux à l'extérieur. Jamais, jamais les conditions exigées ne pourront être réunies : un seul terroriste à bord, les autres à l'extérieur. Un dernier coup de jumelles, un dernier regard sur les enfants assoupis, sur les trois terroristes assis parmi eux, sur le car, le poste frontière, sur les deux groupes de militaires dans l'oasis, côté somalien et qui, eux non plus, ne bougent guère...

Il faut sauver ces enfants. Le lieutenant Prouteau pense à l'ultimatum, à la menace dramatique avancée par les terroristes : nous égorgerons les enfants si la France ne donne pas l'indépendance à Djibouti dans les quarante-huit heures...

Dans la tête de l'officier, un drame se noue. Il est sûr de ses hommes, de son action, mais les ordres sont là. Doit-il passer outre ? L'essentiel, c'est le succès de la mission. Les comptes seront réglés plus tard. Sa décision est prise. Prouteau se retourne vers ses huit gendarmes. Silencieux, à nouveau tendus, ils attendent sa décision.

— Allez. Regagnez vos postes, nous allons intervenir.

À 15 h 30, la ligne de feu est reconstituée. Six gendarmes avec les fusils à lunette ; en arrière, le chef K... et un gendarme en secours ; au pied du palmier avec les buissons d'épineux, le lieutenant Prouteau et le gendarme L...

— Attention, Soleil, pour G.I.G.N. Autorité, me recevez-vous ? Parlez !

— Parlez, G.I.G.N. Autorité ! Ici Soleil.

— Mon général, nous sommes prêts à intervenir.

— De notre côté aussi.

— En combien de temps la Légion et les auto-mitrailleuses arriveront-elles en appui sur nous et sur le car ?

— Je vous rappelle, lieutenant.

Une minute plus tard, la réponse grésille dans les écouteurs.

— Voici votre réponse, lieutenant. La Légion et les automitrailleuses seront à votre hauteur en quarante-cinq secondes. Vous pouvez compter sur eux en moins d'une minute.

Fort de cette réponse, le lieutenant Prouteau est rassuré. Il est persuadé que les troupes de choc de la légion sont prêtes à bondir derrière le petit bouquet d'arbres, deux cents mètres en arrière de sa ligne de feu. Il croit aussi que les autos mitrailleuses d'appui, moteurs déjà en marche, lui permettront d'exploiter le tir de combat qu'il a pris la décision de déclencher, contre les ordres, mais avec sa conscience, pour sauver les trente enfants.

— Attention à tous, dit le lieutenant à mi-voix. Préparez un deuxième chargeur.

Comme à l'entraînement, les six tireurs sortent un nouveau chargeur de leurs ceintures. Chaque chargeur contient dix cartouches. Six fusils, vingt cartouches par fusil, c'est un potentiel de feu de cent vingt cartouches dont dispose le lieutenant Prouteau. Or, avec les tireurs d'élite de la gendarmerie, chaque balle est mortelle.

En arrière des six gendarmes, le chef G... et le gendarme R... ont sorti le revolver 357 magnum depuis une dizaine de minutes et l'ont posé devant eux sur le sable. Machinalement, le chef G... reprend son arme. Il étouffe un cri. Elle est brûlante... Le chef G... porte encore la trace de cette brûlure !

15 h 40. Le lieutenant Prouteau constate que son dispositif est en place et parfaitement opérationnel. Avec ses jumelles, il regarde une ultime fois l'objectif avant le déclenchement du code de tir. Là-bas, à cent quatre-vingt-trois mètres, le car danse au hasard des bouffées d'air chaud. Les enfants sont calmes. Ils somnolent pour la plupart, la tête penchée en avant ou reposant sur l'épaule du voisin. Des visages d'enfants sereins, mais fatigués par deux jours d'épreuves en plein désert. Les terroristes sont eux aussi moins agités. L'atmosphère est à la digestion. Trois d'entre eux sont dans le car. Le premier juste derrière le siège du chauffeur, assis sur une caisse. Le deuxième est au milieu du car, mais assis du côté

opposé aux gendarmes. Entre lui et les tireurs d'élite du G.I.G.N., il y a successivement, la vitre du car, deux têtes de petites filles, une tête de petit garçon. Le troisième terroriste est assis sur le siège arrière, la tête appuyée contre le dossier avant où un garçonnet qui somnole, repose lui aussi sa tête. Entre les deux visages, vingt centimètres de repose-tête en skai. Un quatrième terroriste est assis sur une caisse en bois, juste à l'entrée du car, mais visible par les gendarmes. Enfin, un cinquième terroriste est assis de l'autre côté du car, sur le marchepied.

À travers les jumelles de tir, on devine à peine l'une de ses jambes. Dans le poste somalien où les terroristes se relaient, c'est le calme le plus total. Aucun mouvement visible. Enfin, dans la palmeraie, située côté somalien, près du petit village de Loyoda qui bruissait et vivait comme si rien ne se passait, les deux groupes de soldats étaient toujours là, mais très mollement actifs. Les deux sections de Somaliens ne semblaient pas représenter une menace rapide pour le lieutenant Prouteau, sûrs qu'en moins d'une minute, légionnaires et automitrailleuses seraient en route pour protéger le car après la mort de cinq terroristes dont il ne doutait pas.

— Déclenchez le code de tir, dit doucement le lieutenant Prouteau, la main en porte-voix.

Aussitôt, les gendarmes, regonflés à bloc par l'eau tiédasse et le sandwich de pâté gras, commencent à égrener leur code de tir.

— UN !

— DEUX !

— TROIS !

— QUATRE !

— CINQ !

Cela signifiait que chaque gendarme avait son objectif dans la lunette de tir.

— ZÉRO ! dit le lieutenant.

Traduction : dans trois secondes, nous ouvrons le feu.

Trois secondes, longues, longues... Avec, au creux de

chaque ventre, la contraction de l'émotion. « Bon Dieu ! pense le gendarme D..., pourvu que ces salopards ne bougent pas !... » Encore deux secondes... Une...

— Feu ! hurle cette fois le lieutenant Prouteau.

Une seule salve, un bruit de canon, les six fusils ont craché la mort dans la même flamme. Un peu de sable vole, léger nuage soulevé par la salve.

Dans le car, les quatre terroristes sont morts instantanément, la tête transpercée. Du sang coule sur les banquettes, les quatre silhouettes s'affaissent doucement. Les enfants n'ont pas encore compris. Ils n'ont pas entendu les coups de fusil à cent quatre-vingt-trois mètres, le bruit des détonations a été emporté par le vent dans la direction opposée. Mais les deux adultes du car ont compris. L'assistante sociale et le chauffeur militaire crient aux enfants :

— Couchez-vous !

Là-bas, à cent quatre-vingt-trois mètres, les six gendarmes ont réarmé leur fusil en deux secondes. Ils cherchent de nouveaux objectifs. Le cinquième terroriste à l'extérieur du car se met à courir vers le poste frontière somalien. Deux coups de feu claquent : il s'écroule.

Une seconde plus tard, quatre fusils du G.I.G.N. crachent à nouveau une longue flamme. Les gendarmes ont doublé leur tir par sécurité sur les quatre terroristes du car. Une légère secousse... Les quatre corps déjà sans vie sont une nouvelle fois transpercés.

Cette fois, c'est la panique. La vingtaine de civils curieux qui s'étaient approchés du poste frontière pour regarder, s'égaillent comme des moineaux. Mais là-bas, dans la palmeraie, des soldats somaliens courent, gesticulent. On entend des ordres dans le désordre. Soudain, c'est l'enfer. Une mitrailleuse vient d'ouvrir le feu sur les gendarmes démasqués par le départ des coups.

Trra... Trraa... Tacata...

Cinq secondes plus tard, une deuxième mitrailleuse ouvre le

feu sur les gendarmes. Des gerbes de désert jaillissent sous l'impact des balles.

— Planquez-vous au maxi, c'est des MG 42 ! hurle le lieutenant qui s'aplatit derrière son palmier.

Pendant quarante secondes, l'éternité de la mort s'abat sur le commando du G.I.G.N. Le sable vole, les cailloux giclent, se cassent sous les milliers de balles. Le palmier part en éclats, les buissons sont hachés menu. C'est la terreur. Les gendarmes se terrent sans bouger, envahis par la certitude de leur mort.

— On va tous y rester, mon lieutenant ! crie le gendarme D...

— Ne bougez pas ! ça va passer ! hurle Prouteau, dont les cheveux sont truffés d'épines jaillies des buissons sous l'impact des balles des mitrailleuses somaliennes.

Le nez dans le sable, le dos ruisselant de peur, chacun des neuf gendarmes est déjà un cadavre.

Puis c'est l'accalmie. Le temps là-bas de recharger les mitrailleuses.

— Feu sur tout ce qui bouge ! hurle Prouteau.

Galvanisés par la voix de leur chef, dans un silence bienfaiteur, les gendarmes ouvrent le feu. À chaque tir, là-bas, à deux cent cinquante mètres, un soldat somalien tombe, frappé par la mort. Toutes les quatre secondes, six hommes tombent. En vingt secondes, une trentaine de soldats somaliens baignent dans leur sang. Une mitrailleuse recommence son aboiement, elle est suivie par la seconde. Du sable à nouveau vole autour des gendarmes. Il y a maintenant une minute trente que le top a été donné aux légionnaires par radio.

— Que fout la légion ? hurle un gendarme.

— Mon lieutenant, y viennent ou pas, ces légionnaires ?

Prouteau s'inquiète. Malgré les mitrailleuses somaliennes, il prend le micro de l'émetteur.

— Que foutent vos légionnaires, bon sang ?

— Ils sont partis, lieutenant ! Tenez le coup, les renforts arrivent !

Derrière le G.I.G.N. les deux sections de légionnaires avaient été sévèrement ralenties par la puissance de feu somalienne, car les mitrailleuses somaliennes prenaient en enfilade à la fois les gendarmes du G.I.G.N. et les deux sections de légionnaires cachés dans la palmeraie, deux cents mètres en arrière du G.I.G.N., c'est-à-dire à environ quatre cent cinquante mètres des points de feu somaliens. Le gendarme D..., en se retournant, voit surgir les légionnaires qui avancent en sauts de puces, toujours poursuivis par le tir haineux d'une mitrailleuse et de plusieurs dizaines de fusils d'assaut somaliens qui, maintenant, sont venus les appuyer.

— Allez, la Légion ! hurle le gendarme D...

Les autres gendarmes du G.I.G.N. se retournent, voient le spectacle incroyable de ces soldats avançant sous les balles, sans la moindre protection.

— Allez, la Légion ! hurlent-ils pour leur donner du courage, mais aussi pour se galvaniser eux-mêmes.

Mais les légionnaires débouchant de la palmeraie sont pétrifiés par l'intensité du feu somalien, sur cette zone où l'abri le plus remarquable est un caillou de vingt centimètres de diamètre.

— Avancez, nom de Dieu ! hurle un officier de la Légion, debout, revolver à la main.

— Mettez-vous en ligne de combat ! renchérit un autre officier légionnaire, dans la même attitude.

Mais quel soldat accepterait de courir, face à deux mitrailleuses et à une cinquantaine de fusils, sur une plage ?

— Intensifiez le feu ! hurle Prouteau à ses gendarmes.

Les commandos du G.I.G.N. ont déjà épuisé leur premier chargeur. Un nouveau est déclenché d'un geste professionnel. Là-bas, à deux cent cinquante mètres, de nouvelles silhouettes s'effondrent. La Légion en profite pour occuper ses positions de combat. Deux minutes trente après l'ouverture du feu par le G.I.G.N. se sont écoulées. Une éternité.

— Les automitrailleuses, mon lieutenant !

Sur la droite du G.I.G.N., toujours terré dans le désert près de ce qui fut un palmier, des automitrailleuses foncent. Elles soulèvent derrière elles un immense panache de sable, amplifié par le vent. Des hurlements parviennent aux oreilles des gendarmes par-dessus le bruit des mitrailleuses somaliennes... Les trente gosses sont terrorisés. Le gendarme L... et le gendarme D... se lèvent alors, revolver à la main.

— Couvrez-nous, mon lieutenant. On fonce au car !

La Légion bondit en avant sur la gauche du G.I.G.N. Les légionnaires courent en zig-zag sous les balles. En face, le feu est nourri mais moins intense. Le tir du G.I.G.N. a neutralisé une quarantaine d'hommes. Tous les gendarmes se lèvent alors, abandonnent leur fusil, et foncent, 357 magnum à la main. À cent cinquante mètres du poste frontière, le gendarme D... repère un tireur dans le petit bâtiment.

— Y'a un salopard qui nous canarde depuis le poste frontière !

Le gendarme L... arrête un instant sa course. C'est le seul qui ait pris son fusil. Il épaule, debout, au milieu du désert et des balles. Un claquement. Là-bas, à cinquante mètres, une silhouette s'affale sur une fenêtre du poste.

Une deuxième silhouette apparaît sur une terrasse du bâtiment frontalier, une silhouette qui tire à la kalachnikov. Une rafale passera entre les jambes du gendarme L... qui s'arrête de courir à nouveau, tire... Un pantin désarticulé bascule dans le vide. Sur son burnous blanc, une grande tache rouge s'élargit.

Le car est à vingt mètres. À dix mètres, les cris suraigus des gosses dramatisent encore davantage une situation qui n'en avait guère besoin. Le gendarme D... voit alors une ombre qui est restée cachée de l'autre côté du car et à l'extérieur, monter dans le long véhicule.

— Attention ! Y'en a un dans le car, hurle le gendarme D... à R...

Entraînement de chute en « rappel » à 100 mètres d'altitude.

Départ en hélicoptère.

A l'assaut d'un avion... préparatifs de pénétration.

Pénétration d'assaut sur un avion par une issue de secours.

Technique de neutralisation de preneurs d'otages dans un avion.

Le capitaine Barril surgit, revolver au poing (44 MAG) dans la cabine d'un Boeing 707.

Exercice de tir à balles réelles sur un homme du G.I.G.N., protégé par un gilet pare-balles, ce qui n'empêche pas les « bleus » à l'impact du 357 Magnum.

Entraînement du chien d'attaque, Arno

Quelques armes utilisées par le G.I.G.N. à l'entraînement.

Entraînement au tir groupé sur des véhicules avec un pistolet mitrailleur spécial Heckler et Kock.

... Et ce qui reste d'une 2 CV.

Le capitaine Barril et le capitaine Prouteau, s'entraînant à la mitrailleuse AA52.

Descente en « rappel » sur un immeuble. Préparation à la pénétration surprise par une fenêtre.

Pénétration surprise par une fenêtre, le gendarme surgit en « rappel » et percute le châssis, pieds en avant.

Capitaine Barril : chevalier de l'ordre du mérite, à titres exceptionnels, en octobre 1980, dans la cour d'honneur des Invalides. Médaille de la gendarmerie : une citation.
Capitaine Prouteau : chevalier de la Légion d'Honneur à titres exceptionnels en juillet 1979. Médaille de la gendarmerie, ordre pénitentiaire.
En compagnie du directeur de la Gendarmerie Nationale, M. Barbeau.

Maisons-Alfort : départ d'urgence pour une prise d'otage.

La première intervention du G.I.G.N. le 11 mars 1974 à Ecquevilly.

Montfort-L'Amaury, juillet 1980 : quatorze coups de feu ont été tirés sur le G.I.G.N. par toute une famille de forcenés — sept adultes et trois enfants — Le chef Jacques Henri — mort depuis à l'entraînement — responsable de l'équipe de contact, réussira à neutraliser, par les gaz, toute la famille, sans le moindre blessé.

Face à un forcené fusil à la main..., l'homme va être désarmé, par surprise, dans quelques secondes.

Arrestation d'un forcené à Brix, en 1971, après libération des otages.

Djibouti 1976 : 1. MG 42 somalienne. 2. Poste-frontière somalien. 3. Car avec les trente enfants otages. 4. Barrière frontière. 5. Base de tir du G.I.G.N. 6. Fortin du G.N.A. français. 7. P.C. du général Brasart. 8. Base de départ des légionnaires. 9. Base de départ des automitrailleuses (800 mètres).

Quelques-unes des armes automatiques qui ont tiré sur les gendarmes du G.I.G.N. et sur la légion à Djibouti, en février 1976.

Deux des chiens d'attaque du G.I.G.N. : berger allemand Arno et rottweiller Jary.

Ajaccio 1980 : reddition, sans effusion de sang, des trente-neuf autonomistes corses qui détenaient une douzaine d'otages dans l'hôtel Fesch.

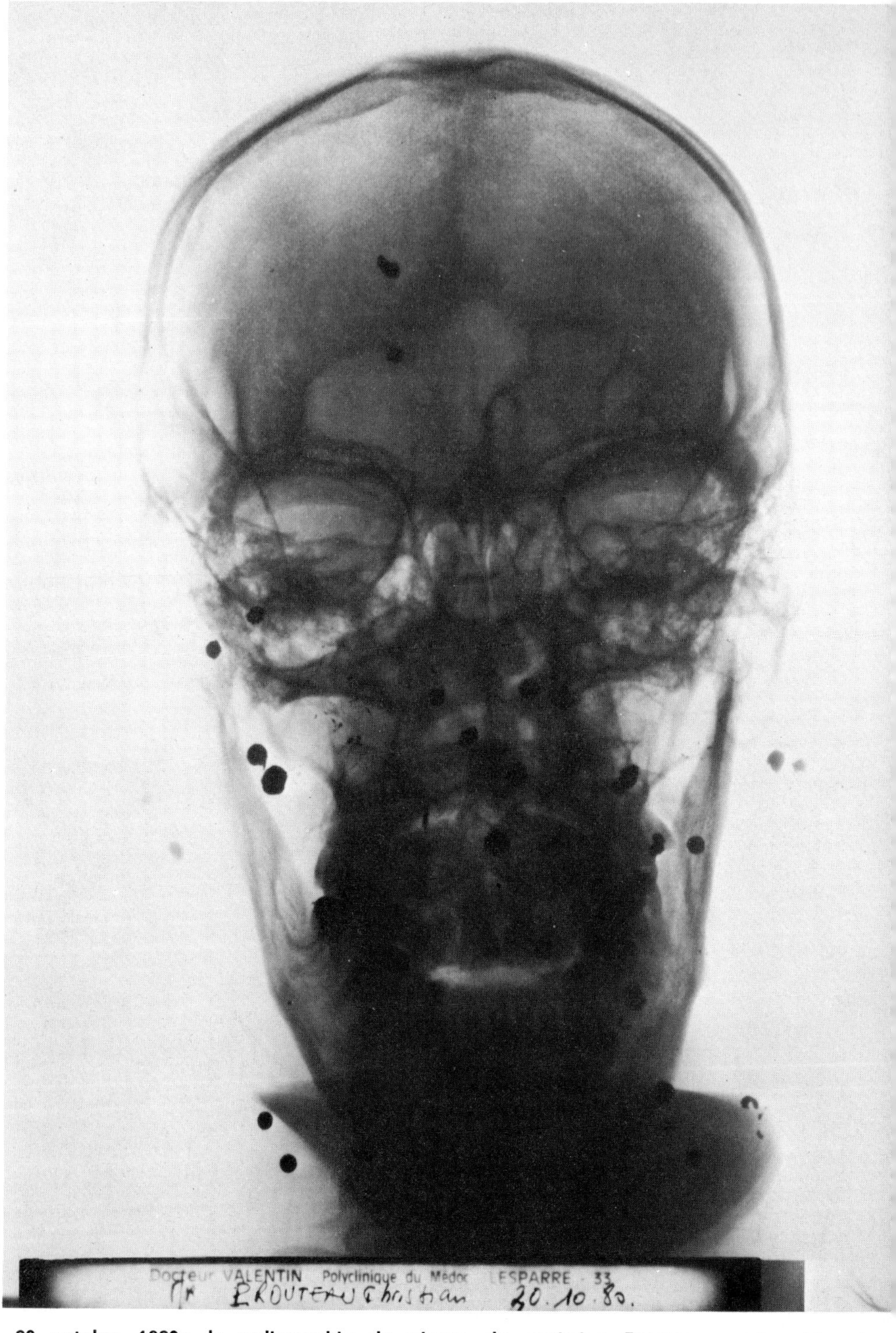

30 octobre 1980 : la radiographie du visage du capitaine Prouteau montre bien les cinquante-quatre plombs n° 2, calibre 12, qu'il a reçus à cinq mètres...

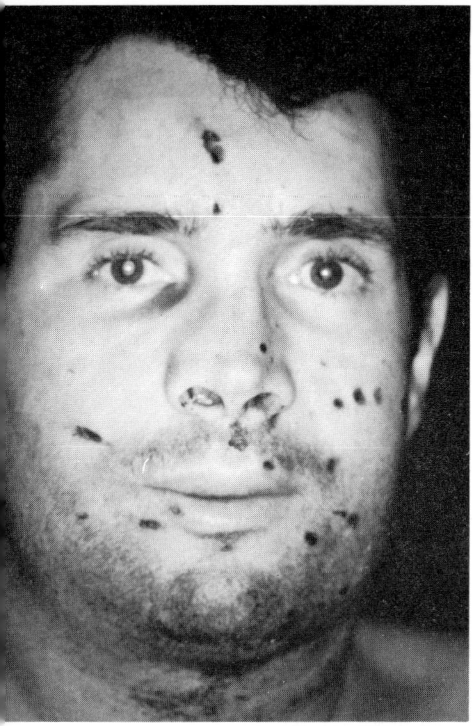

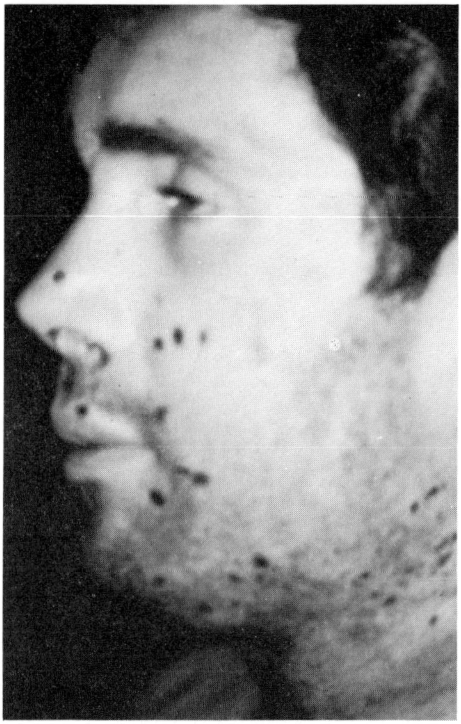

0 novembre 1980 : dix jours après avoir frôlé la mort, on a toujours du mal à reconnaitre le capitaine Prouteau...

Mai 1981 : le commandant du G.I.G.N. a retrouvé le sourire.
De gauche à droite : lieutenant Philippe Masselin, capitaine Paul Barril, capitaine Christian Prouteau, lieutenant Claude Lepouzé.

Maussion J.-Louis, Bertrand, Marcel. Gendarme.
Décédé le 7 juin 1982 des suites d'un accident en saut en parachute.

Mort à l'entrainement le 23 avril 1977, Raymond Pasquier.

Le chef Jacques Henri, mort en plongée profonde de nuit, le 25 mars 1981.

— Je vais contourner le car, répond le gendarme R..., en courant, revolver 357 à la main.

Un caporal de la Légion est avec les gendarmes sur l'avant du car. Il commence par le contourner par l'arrière. Une silhouette se dresse à l'intérieur du car. Le terroriste tire sur le gendarme D... qui fait un roulé-boulé et se retrouve à plat-ventre sous une automitrailleuse arrêtée en appui-tir contre les militaires somaliens. Pistolet mitrailleur à la main, le légionnaire bondit dans le car par la porte avant droite, se trouve nez à nez avec le terroriste qui est dans le couloir, mais au fond du car. Rafale, coups de feu du gendarme R... qui, par l'arrière, tire sur le terroriste en même temps que le légionnaire. L'homme est tué, mais avant de mourir, il a tiré une longue rafale qui a pris en enfilade les banquettes situées derrière le chauffeur, là où les petites filles s'étaient regroupées autour de l'assistante sociale. Cinq fillettes et l'assistante sociale sont blessées, le chauffeur du car aussi, mais par un simple éclat.

À l'extérieur du car, les légionnaires continuent leur progression et leur protection du car et des enfants. En protection rapprochée, les gendarmes du G.I.G.N. sont au pied même du lourd véhicule rayonnant de chaleur.

— Cassez les vitres ! crie Prouteau.

Des gendarmes montent à bord, cassent les vitres, que les balles n'avaient fait que transpercer, avec la crosse de leurs revolvers et passent les enfants un par un aux gendarmes restés en bas. Une demi-douzaine de jeeps sont maintenant sur place pour évacuer les enfants. Une des petites filles mourra dans les bras du chef G... qui va se mettre à pleurer, silencieusement. Il a une petite fille de cet âge. Il l'imagine. Chaque homme est profondément marqué par la mort de cette fillette. Une autre est sérieusement blessée, elle a eu le poignet coupé par une balle du terroriste. Le chef G... lui pose un garrot.

Le lieutenant Prouteau est couvert de sang, il a évacué en priorité les fillettes blessées. Lui aussi pleure doucement. Lui aussi pense à sa fille. Les jeeps repartent, emportant les blessés, la fillette morte, les enfants rescapés et les hommes du G.I.G.N. À l'arrière, c'est l'affolement. Autour des tentes de l'état-major, des hommes courent dans tous les sens. Le lieutenant Prouteau, sale, barbu, hirsute, couvert du sang des fillettes, se retrouve devant le général... et explose de colère.

— C'est de votre faute ! Qu'ont foutu vos légionnaires ? Vous m'aviez dit quarante-cinq secondes, il a fallu trois minutes ! C'est inadmissible !

Le général Brasart, qui est un officier de valeur, sait que la « décompression » psychologique du jeune lieutenant est en train de se faire ; il laisse passer l'orage. Les deux officiers deviendront de grands amis.

Il est temps de faire le bilan de l'opération pour le lieutenant Prouteau : une fillette tuée, quatre autres blessées, dont une sérieusement, vingt-cinq enfants sains et saufs ainsi que l'infirmière et le chauffeur, légèrement blessé par un éclat. Aucune perte pour le G.I.G.N. Le lieutenant de la Légion D... qui appuyait le groupe est blessé d'une balle perdue. Mais un gosse est porté manquant. On apprendra plus tard que, dès les premiers coups de feu, il avait couru se réfugier dans le poste somalien où il a été emmené. La Somalie le rendra sain et sauf à la France quatre jours plus tard.

Dans les jeeps qui les conduisaient à Djibouti à travers le désert, les gendarmes du G.I.G.N. sont silencieux. Épuisés, vidés, ils se laissent ballotter par la piste, épaule contre épaule. À l'effondrement physique et moral d'une épreuve hors du commun, s'ajoute le terrible sentiment d'avoir complètement échoué dans leur mission. L'image de la petite fille ensanglantée, morte dans leurs bras, est terrible. Ils sont tous pères de famille, ils ont le sentiment profond d'avoir perdu leur propre enfant. Sur le visage poussiéreux du chef G..., une larme se fraye un passage difficile à travers les petits grains de sable collés en croûte par la sueur.

Djibouti sera traversée en plein jour, sans un regard. Le moral est à zéro. Il est presque 18 heures. Les neuf gendarmes se sont lavés, changés, ils ont l'impression d'être des étrangers dans des uniformes usurpés. Ils croient sentir peser sur eux de multiples regards glacés : ceux des parents des enfants, ceux des parents de la fillette morte. Ils croient entendre des mots terribles chuchotés tout le long de leur progression vers le restaurant de la caserne. Responsables... Assassins... Ils pressent un peu plus le pas, se serrent machinalement les uns contre les autres, arrivent au mess, poussent la porte, entrent... Le brouhaha s'arrête instantanément. Cent regards sont fixés sur eux. Un instant d'hésitation, puis les neuf gendarmes, tête baissée, avancent vers une table libre. Comme dans un cauchemar, ils voient arriver vers eux un capitaine et un adjudant chef, le visage tendu. Ils entendent déjà leurs paroles de reproches. Ils sont, par avance, prêts à pleurer tant ils touchent le fond de la détresse humaine. Le capitaine et l'adjudant se figent au garde-à-vous devant la table des neuf gendarmes. Par un ultime réflexe militaire, le lieutenant Prouteau et ses huit gendarmes se lèvent et rendent le salut.

— Mon lieutenant, nous représentons tout le personnel de l'Armée de l'Air à Djibouti et les familles des enfants du car. Nous sommes simplement venus vous dire merci, du fond du cœur, pour le travail exceptionnel que vous avez mené à bien.

Le capitaine a eu du mal à prononcer les derniers mots, sa voix tremblotte, une larme jaillit sur son visage de vieux baroudeur. Le lieutenant Prouteau reçoit au plexus, le plus formidable choc psychologique de sa vie. Il s'attendait à des reproches, au moins à un silence réprobateur... On le félicite avec des larmes dans la voix. Tout bascule. Les gendarmes pleurent aussi. C'est la plus belle récompense de leur mission.

Le lendemain matin, le général Brasart convoque le lieutenant Prouteau. Les esprits sont apaisés. Le lieutenant est serein. Il s'attend à un « savon » de première, « à se faire remonter les bretelles ». Le général l'accueille dans son bureau avec un immense sourire.

— Lieutenant, vous allez donner une conférence de presse !

— Mais pourquoi, mon général ?

— Ce que vous avez réussi est un fait d'armes extraordinaire qui restera dans l'Histoire.

— Mais...

— Il n'y a pas de mais, lieutenant. Ici vous êtes sous mes ordres.

— Quelle tenue dois-je mettre, mon général ?

— Celle que vous aviez hier lors de l'opération, le treillis dans lequel vous avez souffert.

Face à la meute des journalistes, venus du monde entier, surgit la silhouette du lieutenant Prouteau, une silhouette vêtue d'un treillis innommable où de grosses taches de sang séché font des zones sombres...

QUATRE TUEURS DANS LE BROUILLARD

Le 5 juillet 1976, à 11 h 45, le G.I.G.N. est mis en alerte. Quatre détenus, S..., D..., R... et P..., tous très dangereux, ont pris en otages quatre gardiens dans la prison de Lisieux.

12 h 45 : neuf gendarmes quittent Maisons-Alfort à bord de deux 504.

Ce sont de nouveaux véhicules, enfin affectés au G.I.G.N. L'exploit de Djibouti n'est pas étranger au déblocage du matériel.

13 h 40 : le G.I.G.N. arrive à la prison de Lisieux. Il est accueilli par le capitaine Gérard qui fait au lieutenant Prouteau le point de la situation.

— Je vous ai demandé, lieutenant, car la situation est dramatique.

— Les mutins sont-ils vraiment dangereux, mon capitaine ?

— Très, et ils viennent de le prouver tout à l'heure. Ils ont donné un coup de couteau dans le ventre de l'un des gardiens.

— Grave ?

— On présume. Il saigne abondamment. Ses collègues otages ont été autorisés à lui faire un point de compression.

14 h 10 : le préfet arrive. Il connaît bien le G.I.G.N. et le

lieutenant Prouteau pour les avoir vus à l'action lors de la mutinerie à la prison de Caen, le 24 juillet 1974. Le préfet Mestre est un homme énergique et décidé. Il va grandement faciliter l'intervention des gendarmes de choc du G.I.G.N.

14 h 30 : le lieutenant Prouteau effectue une reconnaissance avec le directeur de la prison. Elle ressemble à une cathédrale, et pour cause, puisque c'est une ancienne abbaye. Côté chœur, deux petites cours de promenades en éventail. Sur toute la longueur, de part et d'autre du très large couloir central, les cellules sur trois étages. Enfin, côté entrée, un sas. Il comprend une lourde porte en acier. Seul un judas de quinze centimètres de côté permet de voir ce qui se passe à l'extérieur. De l'autre côté de la porte d'acier, un sas fait de gros barreaux et une deuxième porte, également en barreaux. À travers le judas, le lieutenant remarque les allées et venues des prisonniers libérés par les mutins qui disposent des clés. Ils se tiennent dans la partie centrale, excités par l'aventure.

— Où sont les gardiens otages, les quatre durs ? demande le lieutenant au directeur.

— Dans la première cellule à gauche.

Sans doute prévenu par un prisonnier qui a vu bouger les visages derrière le judas, voici en effet que sortent de la première cellule à gauche de la porte d'entrée, S..., D..., R... et P... Deux d'entre eux poussent, comme un bouclier, un gardien, le couteau sous la gorge.

— Écoutez bien, crie D... qui semble être le chef de l'opération. On va s'tirer d'ici ou on va saigner vos quatre matons *(gardien, en langage de détenu)* comme des porcs. On vous donne une demi-heure pour nous amener une estafette. Après, tant pis pour eux, nous on n'a rien à perdre.

— Ne faites pas de bêtise supplémentaire ! crie le directeur de la prison à travers le judas. Le préfet vient d'arriver. Nous lui expliquons la situation. Vous allez avoir ce que vous demandez, mais ne faites rien aux gardiens.

— Tu vas dire à ton préfet de mes deux qu'il se les agite, et pour l'aider à réfléchir ; on va lui faire un petit cadeau.

D'un geste de la tête, l'homme a donné un ordre. S... et R... se sont précipités dans la cellule, ils en sortent en tirant le quatrième gardien blessé au ventre d'un coup de couteau. Il gémit doucement, tandis qu'il est allongé près de la porte en barreaux.

— On vous le rend, mais c'est la dernière fois qu'on est gentil, crie D... un mauvais éclair dans le regard.

Le lieutenant Prouteau n'a rien perdu de la scène. Les trois détenus sont environ à huit mètres de la porte, tenant toujours les trois gardiens en otage, un couteau sous la gorge.

Le directeur fait un geste. La lourde porte d'acier s'ouvre et les collègues du gardien blessé vont le récupérer sous les huées des prisonniers. Prouteau a sorti son 357. On ne sait jamais. Mais rien n'est tenté par les détenus.

14 h 45 : le lieutenant Prouteau se retrouve face au préfet.

— Lieutenant, votre mission prioritaire est la libération des otages. À n'importe quel prix. Les prisonniers qui les détiennent sont des hommes très dangereux et déterminés. Ne prenez aucun risque.

— Comment ont-ils eu ce couteau ? interroge le lieutenant.

— Dans les ateliers... (Cette fois, c'est le directeur qui répond.) Ils peuvent travailler le cuir, et l'atelier est évidemment rempli de couteaux très tranchants.

— Comment allez-vous intervenir, lieutenant ?

— Je vous demande encore un quart d'heure pour que je puisse faire une ultime reconnaissance.

— Allez-y, lieutenant. En attendant, je les ferai patienter en négociant.

15 h : cinq minutes plus tard, une silhouette se profile à vingt mètres de hauteur sur le toit de l'ancienne abbaye. Le lieutenant Prouteau, sur les tuiles glissantes, progresse vers une sorte de vasistas qu'il avait repéré du sol. Il pensait pouvoir ouvrir le feu et blesser les détenus à l'épaule à travers cette lucarne, mais celle-ci est en verre très épais et armé. Les balles

pourraient être déviées. À éliminer. En prenant mille précautions pour ne pas s'écraser dans la cour en ciment, mais aussi pour ne pas faire de bruit et attirer l'attention des prisonniers qu'il domine d'environ dix mètres, le lieutenant Prouteau redescend.

15 h 30 : nouvelle réunion avec le préfet.

— Monsieur le préfet, j'avais pensé ouvrir le feu, mais c'est impossible par la verrière. Impossible aussi par le judas, il fait quinze centimètres de côté, c'est trop étroit pour que plusieurs tireurs puissent ouvrir le feu simultanément. Mais en tirant vite, je peux en neutraliser deux en une seconde. Reste le cas du troisième... Mais j'ai une chance de le neutraliser aussi.

— Je m'en remets à vous, lieutenant. Il n'y a pas d'autre solution ?

— Monsieur le préfet, il y a une autre solution. C'est l'emploi des gaz neutralisants.

— C'est efficace ?

— Très. Nous les avons essayés sur nous. En une seconde, tout est terminé.

— En une seconde, vraiment ? demande le préfet sceptique.

— Je vous assure que oui. Je vous répète que mes hommes et moi-même avons testé ce gaz sur nous. Il provoque instantanément une forte angoisse respiratoire. La volonté d'action devient nulle. La force physique aussi. L'évanouissement survient très vite.

— Les gaz vous semblent donc la meilleure solution, lieutenant ?

— Tout à fait, monsieur le préfet.

— Mais vous ne pourrez pas neutraliser les quatre mutins d'un coup. Ils sont trop loin de la porte blindée.

— Justement, monsieur le préfet. J'ai remarqué que lorsqu'une négociation s'engage, les mutins s'approchent de la porte blindée. Faites durer la conversation. Ils s'approcheront et je les neutraliserai.

— À combien porte votre appareil ?

— Quinze mètres.

— Bien, allons-y.

Le préfet se dirige à nouveau vers la prison cathédrale et le lieutenant commence la vérification de son appareil spécial lance-gaz paralysant, un appareil qui se présente sous la forme de deux grosses bouteilles que l'on se met sur le dos à la manière des plongeurs sous-marins. Entouré de quelques-uns de ses hommes, le lieutenant conditionne l'appareil ; l'opération consiste à mettre le gaz – en fait une poudre blanchâtre très fine – dans les bouteilles. Une erreur de manipulation, un peu de poudre s'échappe, le lieutenant Prouteau s'effondre. Ses hommes le tirent à l'extérieur de la zone contaminée. Un ou deux grammes de poudre paralysante ont suffi. L'appareil, dont le chargement venait d'être terminé, contient... trois kilos. De quoi endormir un régiment. Appuyé contre le mur sale de la prison, le lieutenant Prouteau reprend ses forces.

— Ça va, mon lieutenant ? demande le gendarme R...

— Ça va aller ! J'ai respiré une petite dose, mais il me faut encore dix minutes pour récupérer. Allez prévenir le directeur qu'il fasse traîner les négociations.

16 h : derrière le judas de la porte blindée, le préfet Mestre continue à parler aux quatre mutins, dans le silence anxieux de toute la détention. Deux des mutins sont face à la porte blindée, mais aucun des trois gardiens otages n'est visible. Ils sont gardés dans la première cellule à gauche, par rapport à l'axe de vision du préfet à travers le judas rectangulaire de la porte blindée.

— Vous entendez ? On veut une estafette et un million ! Sinon vous allez récupérer trois cadavres !

— Ne vous énervez pas, répond le préfet qui essaie de faire durer la discussion au maximum. Croyez-moi, je fais au plus vite pour avoir ce véhicule et cet argent.

— Vous avez intérêt, crie une voix depuis la cellule où sont les otages. Parce qu'on va vous les rendre en petits morceaux, vos gardiens. Qu'est-ce que vous voulez d'abord ? Une oreille ?

Hurlement d'un gardien, manifestement brutalisé. Un doigt ?

— Ils me coupent le doigt ! ils me coupent le doigt ! hurle à nouveau un gardien.

— P'têt que vous préférez un bout de nez ?

Et à nouveau dans le silence de cette ancienne église transformée en prison, éclate le cri angoissé d'un homme au fond de la détresse. Les détenus, silencieux, regardent la scène qui se joue, irréaliste, entre les quatre mutins et les « autorités » que l'on devine derrière la lourde porte grise.

— J'ai une bonne nouvelle ! crie le préfet à travers le judas. Nous avons l'estafette, mais il faut installer des rideaux. C'est ce que nous faisons.

Les prisonniers avaient en effet demandé que l'on installât des rideaux dans l'estafette, car ils redoutaient les tireurs d'élite.

— Et le pognon ? interroge P... Bon Dieu, un p'tit million ancien, juste pour les frais de route, c'est facile à trouver ! Vous avez intérêt à vous magner, car j'en connais qui vont bientôt baigner dans leur sang. On vous donne une demi-heure. À 16 h 30, c'est le carnage.

16 h 15 : le lieutenant Prouteau a récupéré. Il est entouré de toute son équipe, du préfet et du directeur de la prison.

— Vous êtes prêt, lieutenant ? L'ultimatum se termine dans quinze minutes, ce sont des hommes décidés. Ils n'ont plus rien à perdre et je crains que cela ne se termine par un carnage.

— Nous sommes prêts, monsieur le préfet.

Dans la petite cour de la prison, se déroule une scène irréelle. Neuf gendarmes, neuf hommes en noir prennent l'allure d'êtres inquiétants venus d'on ne sait quelle planète. Sur le dos du lieutenant, deux longues bouteilles grises. C'est l'appareil spécial qui propulse le gaz paralysant à quinze mètres. Sur le visage de chacun des hommes, un grand masque panoramique qui part du front jusqu'au menton. Grâce à ce masque, chaque gendarme pourra être opérationnel dans le nuage de gaz... Les grosses lanières en caoutchouc qui enserrent les têtes donnent à chaque silhouette un air de puissance cachée.

— Comment allez-vous opérer, lieutenant ?

— Vous allez immédiatement reprendre les négociations, en leur donnant des détails, sur leur sortie, sur l'estafette et sur l'argent. Ils s'approcheront et quand j'estimerais le moment propice, je les gazerai en passant mon tuyau à travers le judas.

— Vous pensez que vous allez réussir, lieutenant ?

— C'est mon métier, répond le lieutenant avec un sourire rassurant.

— Bon. Allez-y.

Et le préfet prend la tête de la colonne des hommes en noir.

16 h 25 : le judas de la porte blindée s'ouvre une nouvelle fois. D..., qui attend à environ huit mètres de la porte, lève la main. Le silence se fait instantanément chez les détenus.

— Vous avez le véhicule et le pognon ?

— Tout à fait !

— Les gars, on se tire ! Amenez-vous !

De la cellule sortent alors S..., R... et P...

D..., le détenu le plus dangereux, tient toujours devant lui un gardien terrorisé. Sous la gorge du malheureux, un énorme coutelas brille méchamment. Au moindre geste suspect, le gardien aura la gorge tranchée comme ses deux collègues qui sont tenus en boucliers. Seul P... est sans otage. C'est aussi le prisonnier le moins dangereux. Mais les mutins sont méfiants. Seul l'un d'entre eux, R..., est proche de la porte blindée. Les autres sont à une quinzaine de mètres, en limite de portée du propulseur de gaz paralysant.

— Baissez la voix ! dit le lieutenant Prouteau au préfet. Ils tendront l'oreille et seront obligés de s'approcher.

Comme si une grande fatigue l'envahissait soudain, comme

s'il semblait découragé d'être obligé de céder à la menace de mort des quatre mutins, le préfet parle moins fort.

— Comment ? lui demande D..., qui fait un pas en avant, imité par ses trois complices.

— Je dis, répète le préfet, que l'estafette est à votre disposition avec ses rideaux comme vous l'avez demandé.

— Il nous faut le pognon tout de suite. Donnez le pognon ou je saigne ce porc.

— L'argent est dans l'estafette, répond le préfet d'une voix tout aussi éteinte.

Nouveau pas en avant des quatre hommes. Les plus éloignés sont maintenant à une douzaine de mètres. C'est jouable, estime le lieutenant Prouteau.

— On veut le pognon ici tout de suite. On veut vérifier. Pas question de s'embarquer sans biscuit ! rugit D...

— Bon. Comme vous voulez, répond le préfet par le judas. Je vais donner des ordres. Et tout naturellement, le préfet tourne la tête et fait semblant de parler à quelqu'un. Le lieutenant Prouteau et les neuf gendarmes du G.I.G.N. sont collés contre la porte blindée qui a été déverrouillée. À droite de la porte, contre la grille du sas, R... avec son otage ; S... à huit mètres sur la gauche. Enfin, D... à une douzaine de mètres avec le troisième otage. P..., qui n'a pas d'otage, est sur la droite à une dizaine de mètres également. D'une violente poussée, le lieutenant Prouteau bouscule le préfet qui était encore contre la porte et faisait semblant de donner des ordres. En une fraction de seconde, un tuyau noir jaillit par le judas. Un puissant brouillard de poudre paralysante est propulsé avec un bruit de lance-flammes. D... et son otage sont enveloppés par le nuage neutralisant. Le lieutenant Prouteau, en deux secondes, a successivement visé D..., le plus loin, puis S..., R... et P.... Il sait qu'un gramme de poudre suffit à mettre K.O. l'homme le plus tenace. Il l'a expérimenté sur lui-même et ses hommes et l'a encore vérifié à ses dépens une demi-heure auparavant. Or, là, en deux secondes, il vient de propulser près de trois kilos de poudre. À son tour, le lieutenant Prouteau est bousculé par le gendarme J... qui l'écarte du lourd ventail, d'une poussée virile. Le lieutenant va ainsi rejoindre le préfet contre le mur. La porte blindée s'ouvre en une seconde. Les huit gendarmes foncent, masques sur le visage, à travers le brouillard blanc. Chacun d'entre eux a une mission précise. Le groupe des deux gendarmes de tête, J... et D..., doit aller récupérer l'otage le plus éloigné. Les trois autres équipes de deux doivent neutraliser les trois mutins avec, comme objectif prioritaire, la sauvegarde des otages. Dix secondes après le début de l'opération gazage, S... est neutralisé, R... aussi, P... qui n'avait pas d'otage également. Deux des otages sont récupérés sans blessure. Les deux gardiens sont simplement évanouis ou sans force, comme leurs bourreaux. Mais D..., qui était le plus éloigné du tir de poudre, a réussi en tombant en arrière à se réfugier dans une cellule sur la droite, tenant toujours son otage le couteau sous la gorge. Par deux fois, il tentera de trancher la gorge du malheureux gardien qui est entaillé largement [1]. On devra lui mettre quatorze points de suture !

Les gendarmes J... et D... surgissent l'arme au poing dans la cellule. À travers le brouillard blanc du gaz paralysant, les gendarmes découvrent deux formes qui gesticulent mollement à leurs pieds. Le visage du gardien, sa vareuse, le sol, sont couverts de sang. Dès qu'il voit surgir les deux formes inquiétantes dans la cellule, armes au poing, D... lâche son otage et son couteau. Dans un ultime effort, il lève une main. Les deux gendarmes feront preuve d'un extraordinaire sang-froid : ils jugent la situation en professionnels. Aucun coup de feu n'est tiré. Le gendarme J... dans la foulée de son action, donne un coup de karaté au détenu qui s'évanouit pour de bon. Le gardien est tiré à l'extérieur de la cellule. C'est fini.

Les autres détenus n'ont pas bougé. Ils sont restés en dehors de la prise d'otages, volontairement regroupés dans la grande

1. Ce fait sera contesté par l'intéressé lors de l'instruction. Il expliquera que c'est en tombant qu'il a entaillé deux fois la gorge du gardien involontairement.

salle du réfectoire. Le lieutenant et ses hommes sortent de la prison. Le préfet les félicite, puis se dirige vers le mur de la prison, accompagné par un capitaine de gendarmerie. Dans l'angle du mur de la prison, les deux hommes vont soulager leurs vessies après l'opération. Le lieutenant Prouteau enlève son appareil à gaz. À une cinquantaine de mètres de là, il appuie sur la gachette pour vérifier que toute la poudre est bien partie lors de l'assaut. Hélas, il en restait quelques dizaines de grammes. Propulsé par un vent léger, voici que le menu nuage se dirige vers le préfet et le capitaine, toujours face au mur de la cour intérieure. En une seconde, c'est la panique. Les deux hommes pleurant, crachant et toussant fuient en courant la zone infestée, cherchant d'une main maladroite la fermeture éclair de leur dignité...

1976 – 1979 : TREIZE MISSIONS IMPOSSIBLES

Chaque mois qui passe, le G.I.G.N. se renforce en hommes et en matériel. C'est maintenant une unité d'élite à part entière dont les capacités sont connues dans le monde entier. Pour les gendarmes en noir du G.I.G.N., les opérations classiques se poursuivent.

Le 11 septembre 1976, grâce à un long travail de diplomatie, le lieutenant Prouteau, devenu entre-temps capitaine, parvient à résoudre une prise d'otages dans un avion à Roissy. Le Boeing 727 de la T.W.A. a préalablement été immobilisé par un tir sur les pneus avant, afin de l'empêcher de redécoller.

Le 24 février 1977, le G.I.G.N. libère une jeune fille, prise en otage par un forcené à Brix, dans la Manche. Le gendarme C... se souviendra longtemps de cette action. Alors qu'il montait sur une échelle pour pénétrer de nuit au premier étage de la maison, il s'est trouvé nez à nez avec les deux canons d'un fusil tenu par le forcené. « J'ai fait le plus formidable bond en arrière de ma vie », avouera-t-il plus tard. Son saut l'a sauvé. Les deux chevrotines lui sont passées à quelques centimètres de la tête. Ni la jeune femme otage, ni le forcené ne seront blessés lors de l'assaut surprise.

Le 13 juin 1977, nouvelle intervention dans une prison. À Clairvaux, trois prisonniers ont réussi à sortir de leurs cellules. L'un d'entre eux a une arme au poing, un P 38. Le lieutenant Barril, nouvel arrivé au G.I.G.N., donnera la mesure de ses capacités en neutralisant sans violence les trois évadés découverts cachés dans une soupente.

Le 12 septembre 1977, le G.I.G.N. est mobilisé pour prêter main-forte à la chasse des tueurs de l'Ardèche. Mais alertés trop tard, les gendarmes du G.I.G.N. ne pourront rattraper les tueurs, probablement déjà réfugiés à l'étranger.

Le 11 janvier 1978, un forcené s'enferme avec des explosifs dans la salle des ordinateurs de l'arsenal de Tarbes. Il est prêt à tout et l'a montré en tuant à bout portant son chef de service. La nouvelle équipe capitaine Prouteau-lieutenant Barril aboutira là encore au succès, malgré les précautions prises par le forcené, notamment un pistolet chargé, toujours à portée de la main, et des cartouches de dynamite avec des mèches de cinq secondes. Il sera neutralisé par le double assaut des deux officiers, à sa propre stupéfaction.

Le 23 janvier 1978, nouvelle intervention à la prison de Clairvaux. Deux détenus ont pris en otage, dans un mirador, le sous-directeur et deux gardiens. Les mutins ont tout prévu, ils sont complètement inaccessibles au sommet de la tour de surveillance, dont ils ont occulté les glaces grâce à des couvertures, afin d'éviter un tir surprise au fusil à lunette. Malgré leurs précautions et leur détermination, ils seront abattus, précisément au fusil à lunette. Les tireurs d'élite du G.I.G.N. n'ont eu qu'une seconde pour ouvrir le feu. Celle pendant laquelle un preneur d'otage jetait un rapide coup d'œil par la fente séparant deux couvertures.

Le dimanche 30 juillet 1978 restera longtemps dans les mémoires des gendarmes du G.I.G.N. Deux prises d'otages dans la même journée. La première à Brionne, où un forcené menace de tuer au fusil de chasse ses trois enfants si sa femme ne revient pas. C'est au courage du lieutenant Barril que l'homme doit d'être en vie. Déguisé en simple gendarme, le lieutenant réussira à maîtriser le forcené, malgré une extraordinaire méfiance de ce dernier. Il appuiera si fort les canons de son fusil de chasse sur le ventre du lieutenant Barril que deux cercles rouges resteront visibles pendant une semaine... Alors que les gendarmes du G.I.G.N. déjeunent à Brionne pour récupérer de leur longue matinée — ils ont été mis en alerte à 4 h 45 — coup de téléphone dans le petit restaurant : nouvelle alerte, nouvelle prise d'otage, mais cette fois à Montgaudry dans l'Orne. Dans un premier temps, les gendarmes du G.I.G.N. croient que leurs collègues de la brigade locale leur jouent une bonne blague. Mais non... Loi des séries, étrange hasard, un autre forcené a pris lui aussi ses deux enfants en otages. À 16 h 55, après une course sur les nationales et départementales à 140 kilomètres/heure, les 504 du G.I.G.N. sont sur place. À 23 h 25, l'assaut simultané est donné. Les gendarmes J..., D... et L... s'exposeront terriblement pour sauver les deux enfants otages puis, pour attraper le fusil du forcené par le canon. Il faudra quatre gendarmes pour maîtriser l'homme en pleine crise de folie. Il ne se calmera qu'avec une piqûre. L'opération s'achève par un nouveau succès du G.I.G.N. La même journée, cinq enfants otages sauvés, deux forcenés maîtrisés sains et saufs malgré le danger de mort. Il y a vingt et une heures que le G.I.G.N. est en opération. Non, ils n'oublieront pas le dimanche 30 juillet 1978 !

Dimanche 25 mars 1979. Encore un dimanche. À Fleury-Mérogis, un détenu armé d'un revolver rate son évasion. Il s'enferme alors dans le bureau des gardiens avec le sous-directeur en otage. Le jour n'est pas encore levé. À 6 h 45, le G.I.G.N. est en alerte. Vingt minutes plus tard, le lieutenant Barril est sur les lieux avec la première équipe. Il sera rejoint par le capitaine Prouteau une heure plus tard. Un grand couloir ; de part et d'autre, des cellules et des bureaux vides, sauf celui des gardiens, où le détenu B... est retranché avec son otage. B... exige une visite de sa femme dans un premier temps. Cela paraît très suspect puisqu'il l'a vue la veille. Par la porte entrebâillée du bureau, le détenu discute avec le préfet. L'homme a l'air très déterminé. Pendant qu'il parle, l'adjudant M... du G.I.G.N. a réussi à entrer dans une cellule ouverte par la porte opposée à celle derrière laquelle se tient le préfet. À bout de patience, le détenu sort en prévenant :

— Je vais m'tirer avec mon otage. Si vous bougez, je le descends !

Le revolver dans les reins, chien armé, le sous-directeur de la prison avance les bras levés vers la deuxième sortie, celle par laquelle l'adjudant M... est entré tout à l'heure. Dans quelques secondes, les deux hommes vont passer devant la cellule où il se cache. Une cellule, porte grande ouverte. Le détenu B... est donc obligé de voir l'adjudant M... Avec pour conséquence une fusillade au cours de laquelle le sous-directeur a de fortes chances de trouver la mort. Très calmement, l'adjudant M... du G.I.G.N. se met en position de tir. Par la porte ouverte de la cellule, il voit d'abord le sous-directeur avancer, d'un pas assez lent, les bras en l'air. Puis, comme dans un ralenti de cinéma, dans le dos du sous-directeur, le revolver prêt à tirer. Un revolver tenu par la main du détenu. Une main prolongée par un bras. Le visage de profil du détenu ne s'est pas encore encadré dans la porte de la cellule. L'adjudant M... tire. Le revolver du détenu est projeté contre le mur du couloir avec une violence inouïe. Le sous-directeur se jette en avant. Le détenu, la main droite en sang, se précipite pour attraper l'arme avec la main gauche. Nouveau coup de feu de l'adjudant M... La main gauche du détenu est transpercée. Tout est fini. L'entraînement, le sang froid de ces gendarmes a, une nouvelle fois, permis de sauver deux hommes. Le préfet aura ce commentaire : « ils tirent mieux que Lucky Luke, vos gendarmes » !

Le 12 avril 1979, à minuit dix, le G.I.G.N. est mis en alerte pour un forcené retranché à Yerville, en Seine-Maritime. L'homme est solidement barricadé avec un fusil et de nombreuses cartouches. Il a tué son père lors d'une violente dispute et il est prêt à aller jusqu'au bout de sa folie. Une grande ferme isolée. Une impression de grand travail permanent : la terre est la pire et la meilleure des maîtresses.

À 17 h 50, après avoir étudié de multiples possibilités, après avoir posé des micros ultra-sensibles, le G.I.G.N. décide de donner l'assaut au forcené. Celui-ci a refusé toute solution raisonnable, enfermé dans un monde qui n'est plus le nôtre. Il n'a même plus rien à demander.

Le gendarme D..., avec son chien Krex, est prêt à foncer à l'intérieur de la cuisine pour se précipiter dans la chambre où s'est réfugié l'homme avec son fusil et ses cartouches.

Top !

Le gendarme J... casse le carreau de la porte d'entrée de la cuisine, déverrouille la targette, s'efface... Le chien Krex bondit, suivi par son maître qui enfonce d'un coup d'épaule la porte de la chambre. Le tout n'a pas duré cinq secondes. Krex, l'énorme chien de combat, se met en arrêt devant le forcené qui tendait la main vers son fusil. La peur du fauve se lit dans ses yeux. Il arrête son geste.

— Ne bouge pas ou il te dévore, lui dit calmement le gendarme J... qui récupère le fusil posé au pied du lit et plus de cent cartouches.

Le paysan meurtrier lève les bras.

— Je n'ai rien fait, je défendais ma terre, dit-il d'une voix brisée.

C'est fini. Krex aussi l'a compris. Il redevient un bon gros toutou avec lequel joueront les hommes en noir de la gendarmerie, leur mission terminée et réussie.

Dimanche 15 avril 1979, toujours un dimanche. Les femmes des gendarmes râlent un peu.

— Ils pourraient bien choisir un autre jour pour leurs prises d'otages, vos forcenés ! dira l'une d'entre elles, avec un bon sourire.

Mais elles savent qu'elles n'ont pas épousé n'importe qui. Quand on épouse un gendarme, on épouse la Gendarmerie. On ne dira jamais assez le rôle discret et efficace de ces épouses modèles. Quand le gendarme, quelle que soit son arme, qu'il soit de la mobile ou de la territoriale, part en mission, c'est toute la famille qui est concernée. Et combien de femmes de gendarmes ont assuré la permanence téléphonique d'une petite brigade lorsque l'estafette et la 4L étaient parties avec tous les effectifs sur deux accidents... Mais tout de même ! À Maisons-Alfort, c'est la deuxième opération en trois jours et le deuxième dimanche perdu en trois semaines. À 13 h 50, le lieutenant Barril, huit gendarmes et le chien Krex font route vers Villermereuil, dans l'Aube. Toujours la même histoire : un forcené a blessé l'un de ses voisins au fusil de chasse. Il s'est retranché chez lui, et menace de tuer sa femme et ses six enfants si l'assaut est donné. Les gendarmes de la brigade locale ont tout fait pour tenter de ramener l'homme à la raison. Ils ont pris des risques graves en s'approchant et seront obligés de fuir l'estafette criblée de plombs. Par miracle, aucun d'entre eux n'est atteint. L'impact des balles et des plombs sur le véhicule de la gendarmerie permettra de découvrir que le forcené est armé d'une carabine 22 long rifle automatique et d'un fusil de chasse automatique calibre 12 magnum. La maison est complètement isolée sur une plaine. C'est une ancienne maison de garde-barrières. La voie de chemin de fer est, en revanche, toujours en activité.

À 18 h 55, le chef L... du G.I.G.N. intercepte le sixième enfant du forcené, Régis, qui rentre au domicile familial. Le lieutenant Barril lui explique la situation. Régis comprend que son père à besoin d'aide, qu'il est passagèrement fou et qu'il faut éviter qu'il fasse un geste irréparable.

19 h 10 ; l'autorail arrive comme prévu, mais il ne ralentit pas l'allure, comme l'avait demandé le lieutenant Barril afin de permettre à ses hommes de se poster près de la maison. Le conducteur n'a pu être prévenu à temps. Le passage de l'autorail fait tout de même diversion et permet aux gendarmes de se mettre à l'abri du remblai de chemin de fer, à environ six mètres de la maisonnette.

20 h 30 ; William, l'aîné des enfants, mis au courant de la présence rapprochée du G.I.G.N. par son jeune frère Régis, fait des signes par la porte d'entrée. Le lieutenant Barril bondit par la voie de chemin de fer.

— J'ai réussi à lui piquer son fusil de chasse, il ne s'est aperçu de rien, murmure l'enfant à voix basse.

Le lieutenant regagne rapidement sa cachette de l'autre côté du ballast et constate que le fusil contient cinq cartouches, dont une engagée dans le canon.

21 heures : éclats de voix. Le père s'est aperçu de la disparition du fusil, tandis que Régis tentait de le raisonner. Il le rend responsable de cette disparition. Régis, effrayé, se réfugie en courant dans les bras des gendarmes.

21 h 45. Arrivée du capitaine Prouteau qui était en mission à l'autre bout de la France.

23 h 10 ; le capitaine Prouteau essaye les lunettes de vision nocturne. Elles amplifient 50 000 fois la lumière. Le moindre rayon de lune, le bout incandescent d'une cigarette sont perçus comme des projecteurs de cinéma éblouissants. La pièce la plus sombre semble baignée par le plein soleil. Oui, mais cela c'est ce qui se passe lorsque l'appareil fonctionne normalement. Or,

les piles sont à plat. Le capitaine Prouteau est privé de ses yeux de chat.

23 h 55, il faut y aller. Le forcené s'est réfugié au premier étage, dans sa chambre, entouré par ses enfants qui dorment à même le sol, sur des sommiers. Régis, après s'être réfugié chez ses amis les gendarmes, a voulu une nouvelle fois essayer de subtiliser la dernière arme de son père, la carabine 22 long rifle automatique. Mais, méfiant, son père ne l'a pas laissé approcher et, dans la discussion passionnée, Régis est redevenu le petit garçon terrorisé. Il est resté avec ses cinq frères. Six jeunes vies sont en otage.

Le lieutenant Barril, avec la souplesse d'un félin, a effectué une reconnaissance jusqu'au premier étage, jusqu'à l'entrée de la chambre. Dans l'obscurité, à force de scruter le mur noir de la nuit, il a décelé les huit présences. Celle de l'homme, au fond de la chambre, allongé tout habillé sur le lit, la carabine à son côté. Celle de sa femme, et celles des six enfants, sur des sommiers placés autour du lit, comme autant de barrières humaines à franchir pour le neutraliser.

Minuit trente, le lieutenant Barril, en chaussettes pour ne pas faire de bruit, gravit une à une les marches de bois qui craquent au moindre mouvement. Il est suivi par l'adjudant W... et le gendarme B... Monter de la cuisine au grenier leur semble une éternité. Chaque craquement de marche leur fait l'effet d'un coup de tonnerre, mais au premier étage, rien ne bouge, les enfants semblent dormir. Il faudra douze minutes aux trois gendarmes pour monter onze marches.

0 h 43 : le lieutenant Barril ouvre brusquement la porte de la chambre, en braquant sa lampe pour éblouir l'homme allongé sur le lit, dans l'obscurité. Le gendarme B... bondit et maîtrise le forcené. L'adjudant W... a saisi l'arme, dans un deuxième bond.

L'équipe du capitaine Prouteau rassure la femme et les enfants réveillés en sursaut, et qui commencent à pleurer sous le coup de l'émotion.

Dans la carabine, que le lieutenant Barril désarme : une

cartouche dans le canon et quatorze dans le chargeur. Les gendarmes veulent alors allumer et découvrent l'étendue du drame. Cette famille vit ici, sans eau et électricité. Un assaut en force avec la mort du père aurait été la solution classique d'un personnel non entraîné ; le G.I.G.N. a réussi une fois de plus, par sa maîtrise, due à un entraînement intensif, à ne pas aggraver un drame. Mais les gendarmes, qui sont aussi pères de famille, ne vont pas considérer que leur mission s'arrête au moment où ils ont neutralisé le forcené. Une intervention pressante auprès de la municipalité, une enveloppe qui circule de gendarme à gendarme et dans laquelle chacun glisse un billet, une colonie de vacances pour le plus jeune des enfants leur vaudront la plus haute récompense : une lettre malhabile, une lettre de remerciement de la mère « pour tout ce qu'ils ont fait de bien pour eux ».

Chaque année, au G.I.G.N., parmi les multiples souhaits de bonne année, il y a la carte du petit Régis qui n'oublie pas, lui non plus, les hommes en noir de la gendarmerie.

Le 27 juin 1979, à 1 heure du matin, le G.I.G.N. prend la route pour Saint-Étienne où un forcené s'est retranché chez lui, après avoir tiré sur des enfants qui jouaient dans la cour de son immeuble. L'un des gosses est très grièvement atteint. Saint-Étienne, ce n'est pas la porte à côté. En pleine nuit, il est difficile de mobiliser rapidement un transport aérien.

— Tant pis, on va foncer par l'autoroute, dit le capitaine Prouteau.

Au volant de la Renault 5 Alpine, le capitaine Prouteau et le lieutenant Barril suivis par trois 504 break foncent dans la nuit. Suivis, c'est beaucoup dire, car les performances des 504 sont nettement inférieures à celles de l'Alpine. Les deux officiers mettront trois heures trente pour faire Paris-Saint-Étienne. La première 504 arrivera quarante minutes plus tard. « Les autorités » connaissent le G.I.G.N. de réputation. Mais tout le monde est quand même étonné de la rapidité d'intervention.

Et de l'efficacité de l'unité : à sept heures du matin, après une minutieuse préparation et un gazage du studio, le forcené tente de s'échapper. Voyant les gendarmes dans le couloir, il referme aussitôt sa porte. Le chef C... tire au riot gun (fusil de chasse à pompe employé par les policiers américains comme arme anti-émeutes) sur la serrure. Le chef M... bondit, suivi du gendarme C..., ouvre la porte et maîtrise le forcené, légèrement blessé au bras par un plomb. Les gendarmes découvriront qu'il disposait de deux fusils de chasse, d'une carabine 9 millimètres et de plus de cinq cents cartouches.

À 9 h 30, mission terminée et réussie. Le G.I.G.N. revient vers Paris. À une allure plus conforme à ce qu'attendent les radars cachés tout au long du serpent à quatre voies...

Trois jours plus tard, le samedi 30 juin 1979, encore une affaire de forcené. Roland J..., déjà interné pour troubles mentaux, s'est barricadé chez lui et tire sur tout ce qui bouge avec une carabine 22 long rifle, à Giniac, près de Montpellier. Une arme terriblement dangereuse, puisque la balle de 22 long rifle a suffisamment de puissance pour transpercer une main à 500 mètres... Comme si cela ne suffisait pas, le forcené jette des tuiles dans la rue, qu'il arrache des toits environnant son appartement, en sautant d'une toiture à l'autre. Une vraie scène de folie.

Alerté à 9 heures, le G.I.G.N. arrive par avion spécial à Montpellier à midi 15. À 13 h 45, la maison tarabiscotée dans laquelle vit le forcené, maison qui s'imbrique dans celles du voisinage pour constituer une mosaïque complexe, est entièrement investie par les gendarmes du G.I.G.N. Du toit au rez-de-chaussée, en passant par les premier et deuxième étages, les hommes en noir, par équipe de deux, sont partout.

13 h 46 ; l'homme descend du deuxième vers le premier par un petit escalier. Les gendarmes P... et J... surgissent pour le maîtriser. Mais Roland J... réussit à leur échapper et remonte

quatre à quatre vers le deuxième. C'est la seule pièce que le G.I.G.N. n'a pu investir. Pour l'en déloger, deux grenades lacrymogènes sont lancées par un vasistas. L'homme dévale alors les escaliers, carabine à la main, passe devant les gendarmes du premier cachés derrière une porte, et qui n'ont pas le temps d'intervenir, et se retrouve au rez-de-chaussée face au chef F... et aux gendarmes P... et J... Le chef F... se saisit du canon de l'arme. L'homme résiste avec une force décuplée par la colère. Il tire. La balle se loge à deux centimètres du chef F... dans le chambranle en bois massif. On a eu chaud, mais encore une fois : opération sauvetage réussie.

Lors de l'enquête, les gendarmes découvriront que cet homme, notoirement connu comme déséquilibré, avait pu acheter en toute tranquillité, deux jours plus tôt, la carabine automatique 22 long rifle.

TROIS GENDARMES POUR UN TRÔNE

Novembre 1979. Pour les musulmans, c'est le mois Zou Alhejjah, le mois sacré, le mois au cours duquel tout bon musulman doit aller au moins une fois dans sa vie rendre hommage à la puissance et à la sagesse d'Allah dans la mosquée sacrée de La Mecque, en Arabie Saoudite.

Des centaines de milliers de pèlerins ont débarqué dans cette ville interdite aux non-musulmans. Une intense ferveur religieuse y règne. Du sommet des minarets, les muezzins appellent les fidèles à la prière. La ville n'est que prière. La vie de l'Arabie Saoudite n'est que psalmodie fervente ; la police religieuse veille au bon déroulement de cette fête de la ferveur. Dans la grande mosquée sacrée, dans le saint des saints, dans l'immense cour de cinquante mille mètres carrés, plus de cent cinquante mille pèlerins tournent au coude à coude autour de la pierre noire de l'Islam, symbole de la divinité du prophète d'Allah. Chaque bon musulman n'a qu'un seul but dans sa vie personnelle, embrasser la pierre venue du ciel, que les infidèles appellent météorite, mais que les bons musulmans savent être la pierre de la magnificence et de la force d'Allah.

Allah Akbar ! Oui, Dieu est grand. Allah, le seul vrai Dieu est grand. La foule tourne, tourne autour de l'immense cour qui enserre en son centre le minuscule présent du ciel, sévèrement gardé par la police religieuse armée de fouets.

Malheur à celui qui voudrait embrasser un peu trop longuement le mystérieux caillou noir, centre de tant de puissance, matérialisation de tant de désirs. Mais combien paraissent doux aux bons musulmans les éventuels coups de fouet qu'ils reçoivent, puisqu'ils vivent le moment le plus grand de leur vie. Oui, Allah Akbar, Allah est grand.

Poussée par cent cinquante mille poitrines enthousiastes, qui continuent de tourner autour de la pierre sacrée, dans son petit mausolée, la litanie monte vers un ciel sans nuage. Un formidable grondement, une cataracte de prières ferventes déferle par vagues par-dessus les murailles de la mosquée.

Nous sommes le 20 novembre 1979, il est 17 heures. Dans la foule, un œil attentif aurait pu noter que Johaiman Bim Saif al Otaiby avait un comportement curieux. Cet homme jeune — il a trente-quatre ans — n'a pas le regard perdu sur l'infini de ceux qui invoquent le nom d'Allah. Non, cet homme vient de faire un geste incroyable : il a regardé sa montre d'un regard déterminé. Oui, il est 17 heures. Alors, saisissant sous sa djellaba une mitraillette, il tire une longue rafale en l'air. De tous côtés, surgissent des hommes en armes qui occupent des points stratégiques, ils ont un bandeau rouge sur la djellaba pour pouvoir se reconnaître. Ils sont environ mille cinq cents. Des rafales crépitent. La prière bien ordonnée est balayée par une monstrueuse panique. Les fidèles fuient cet enfer, doublement terrorisés. D'abord par les morts qui commencent à baigner dans leur sang. Il s'agit pour la plupart des policiers religieux, mais aussi des pèlerins musulmans. On ne tire pas impunément des rafales de mitraillettes dans une foule de cent cinquante mille personnes. Effrayés ensuite par le sacrilège. On a tiré dans le saint des saints, dans la partie la plus sacrée de la mosquée la plus sacrée, dans la ville la plus sacrée du pays le plus sacré de l'Islam. Le sacrilège est monstrueux. Il monte par hoquet dans cent cinquante mille gorges qui hurlent à la fois leur peur et leur désespoir. Le rouleau compresseur de la foule apeurée va faire à lui seul plus d'un millier de victimes. Agglutinés dans les couloirs de sortie, soudain dérisoirement étroits, face au torrent furieux des pèlerins, des centaines d'entre eux sont piétinés, écrasés. Mais les rebelles canaliseront la peur. Ils « invitent » plus de six mille pèlerins à se réfugier dans les sous-sols de la mosquée. Soixante-quinze mille mètres carrés de sous-sols que personne ne connaît, sinon par bribes, par petits morceaux de couloir. La rébellion dispose ainsi de six mille otages hurlant encore, mais devenant soudain plus silencieux au fur et à mesure qu'ils s'enfoncent un peu plus dans la nuit millénaire des souterrains. La rébellion, car ç'en est une, est bien organisée. Une bombe explose devant le palais du roi Khaled. Elle avait été dissimulée dans une Chevrolet rutilante. Deux gardes sont tués. Les dégâts sont importants, mais le roi Khaled est indemne. De tous côtés affluent des renseignements inquiétants pour le roi. À Thaïf, la mosquée sacrée a été attaquée à la même heure et dans les mêmes circonstances. À Tobrouk aussi, les rebelles sont passés à l'attaque.

— C'est une révolte ?

— Non, Sire, c'est une révolution !

Dans la nuit, les renseignements inquiétants s'accumulent. À Tobrouk, l'armée fait face aux insurgés qui tiennent plusieurs points stratégiques. Les pertes sont légères dans l'armée fidèle, mais lourdes dans la population. À la Mecque, les mille cinq cents insurgés tiennent entièrement la mosquée et tirent à la mitrailleuse sur tous ceux qui tentent de s'en approcher. Une cinquantaine de soldats fidèles au roi seront ainsi abattus, alors qu'ils donnaient l'assaut aux sacrilèges en criant « Allah Akbar », Allah est grand !

Le 21, le ministre de la police et le général commandant l'armée décident d'attendre la fin de la matinée pour mieux coordonner leur action et leurs effectifs. À 11 h 30, un assaut simultané est donné par toutes les portes de la mosquée. Le carnage est terrible. Bien retranchés, bien protégés, bien entraînés, les rebelles font un véritable massacre. L'odeur de la mort recouvre d'un putride manteau la grande cour ocre de la mosquée sacrée. Les soldats sont choqués au plus profond d'eux-mêmes par l'immensité du sacrilège et par l'importance des pertes subies.

Consulté par le roi, le chef religieux suprême de la mosquée autorise un nouvel assaut. Cette fois, il y aura des blindés et des hélicoptères.

Le 22 novembre, à dix heures, trois mille soldats appuyés par douze blindés transports de troupes et par cinq hélicoptères se ruent à l'assaut pour la troisième fois. Les M. 113 (véhicules transports de troupes d'origine américaine) avancent en cliquetant de toutes leurs chenilles. Un premier obus à charge creuse explose à deux mètres du véhicule de tête. Le deuxième tir sera le bon, le blindé prend feu. Un deuxième, un troisième véhicule M. 113 explosent et brûlent. C'est la débandade. Des silhouettes en feu surgissent des véhicules et s'écroulent dans la cour de la mosquée sacrée.

Dans le ciel de la mosquée, montent de lourds panaches noirs sentant tout à la fois le pétrole et la chair grillée. Dans les minarets transformés en point de D.C.A., des milliers de cartouches sont tirées à la kalachnikov sur les cinq hélicoptères. L'un d'entre eux, touché, émet une courte flamme, son rotor déséquilibré par l'explosion bat des pales comme un oiseau blessé. En deux secondes, c'est l'explosion sur l'un des minarets millénaires qui s'embrase, le temps de consumer le kérozène des réservoirs. Le désastre est total, l'espoir de déloger les rebelles infime. Partout se chuchote que la rébellion a des chances de gagner.

C'est après ce désastre du 22 novembre 1979 que l'Arabie Saoudite fera appel à la France. Le roi Khaled expliquera au président Valéry Giscard d'Estaing sa situation et l'impuissance de ses troupes.

Il lui faut de l'aide, immédiatement. Une heure plus tard, le G.I.G.N. est désigné pour la mission. Le choix du G.I.G.N. n'est pas un hasard. En 1979, un prince saoudien avait visité le G.I.G.N. à Maisons-Alfort. Comme pour chaque hôte de marque qui visite cette unité d'élites, une séance de démonstrations avait été organisée. Le prince saoudien, très intéressé par les capacités d'intervention du G.I.G.N., posait mille questions aux capitaines Barril et Prouteau (le lieutenant Barril est passé capitaine en 1979). Autour du prince, des gardes du corps. L'un d'entre eux est particulièrement vigilant, bousculant sans cesse le capitaine Barril qu'il juge sans doute trop près de son maître. Un coup de karaté bien placé, et voici le garde du corps plié en deux, cherchant désespèrement sa respiration... En fait de garde du corps, les gendarmes vont découvrir qu'il s'agit... du ministre saoudien de la police ! Lui non plus n'a pas oublié l'efficacité des gendarmes du G.I.G.N...

Très impressionné à la fin de sa visite, le prince interroge le capitaine Prouteau.

— Combien de temps faut-il pour créer une unité comme la vôtre dans mon pays ?

— Cela dépend du niveau de départ de vos hommes, Excellence.

— Au niveau du bédoin du désert, précise le prince...

— Alors jamais, Excellence ! répond le capitaine Prouteau.

Le prince saoudien fermera à demi les yeux pour juger l'homme qui a osé cette réponse. L'histoire montrera qu'il avait apprécié tout à la fois l'unité d'élite, la compétence et la franchise de son commandant.

Voilà pourquoi trois gendarmes, un capitaine et deux sous-officiers se retrouvent en mission ultra-secrète dans un mystère 20 du G.L.A.M. [1] le 23 novembre 1979, à seize heures. Ils ne savent pas grand chose de la situation réelle. Le capitaine Barril a eu une longue conversation avec le ministre de la Défense. En gros, on lui explique que des fanatiques tiennent des otages dans la mosquée sacrée et qu'on ne peut les déloger. Une opération tout à fait classique pour le G.I.G.N. qui a résolu sans casse des dizaines de situations identiques. Simplement, le nombre des preneurs d'otages et des otages eux-mêmes est « un peu plus élevé » que dans les opérations du

1. Groupe de liaisons aériennes ministériel.

même genre déjà pratiquées par les gendarmes : une soixantaine d'otages entre les mains d'une centaine de rebelles, tous réfugiés dans « les caves » de la mosquée.

Il fait nuit quand le mystère 20 blanc du G.L.A.M. se pose près de La Mecque. Des précautions exceptionnelles ont été prises, moins pour protéger le secret de l'opération que pour éviter l'assaut éventuel de l'aéroport par les rebelles. Car, décidément, ils semblent bénéficier de multiples complicités dans les milieux étudiants, mais aussi, dit-on, dans l'armée. Un putsch a été préparé. L'assaut de la mosquée n'est que le premier stade.

Un colonel accueille le capitaine Barril et les deux gendarmes du G.I.G.N. Un interprète est à ses côtés. Une bouffée de chaleur s'abat sur le petit groupe. Il fait terriblement chaud malgré la nuit, le thermomètre indique 31 degrés.

L'équipage du mystère 20 veut déjà redécoller. On leur a collé une « sale mission », ils l'ont bien compris malgré le secret militaire. Trois caisses assez lourdes sont descendues de l'appareil. Une minute plus tard, un convoi comprenant une jeep avec mitrailleuse, une Chevrolet dans laquelle se trouve le colonel et le capitaine, un camion dans lequel sont transportés les trois caisses et les deux gendarmes ; une jeep, toujours avec mitrailleuse 12,7, ferme la marche.

À soixante-dix à l'heure, le convoi se dirige vers La Mecque. Partout des soldats en armes, des automitrailleuses aux carrefours. Le convoi ne s'arrête pas, traverse la ville et prend la route qui conduit à er Riad. Depuis longtemps les lumières de la ville ont disparu. À quarante kilomètres de La Mecque, le convoi arrive enfin. Un camp est installé en plein désert. Ce sera la base opérationnelle du G.I.G.N.

Le 24 novembre, à huit heures, après un sommeil réparateur, le capitaine Barril et ses deux sous-officiers sont présentés au petit état-major spécial que le roi Khaled a chargé de résoudre le grave problème de la mosquée.

— Mon capitaine, dit le colonel, voici la situation. Nos hommes, malgré leur courage, ne sont pas parvenus à neutraliser les bandits réfugiés dans la mosquée sacrée. Nous avons eu des pertes très importantes. Nous comptons sur votre expérience pour nous aider à résoudre ce problème.

— Mon colonel, j'ai besoin de savoir très exactement ce qui se passe. Je voudrais donc d'abord que vous me montriez le plan de la mosquée en m'indiquant où sont retranchés les rebelles.

Regards embarrassés des officiers arabes...

— C'est que, mon capitaine, nous n'avons pas de plan... La mosquée sacrée a été construite il y a quatorze cents ans, personne ne connaît exactement ses sous-sols.

— Alors, il faut que je me rende sur place pour estimer la situation.

Nouveaux regards embarrassés des officiers saoudiens...

— Mon capitaine, ce n'est pas possible. Seul un musulman peut entrer dans la mosquée sacrée et dans la ville sainte.

Le capitaine Barril, ne dit rien, un court conciliabule se déroule devant ses yeux. Sept officiers supérieurs saoudiens discutent avec passion.

— Mon capitaine, je crois que vous pourrez entrer dans la ville, mais pas dans la mosquée. Vous regarderez avec des jumelles.

Le capitaine Barril acquiesce. Il comprend que ces hommes sont triplement déchirés entre leur fidélité à Allah, leur fidélité au roi et la nécessité absolue pour eux de déloger les rebelles de la mosquée.

L'après-midi même, dans une Chevrolet civile conduite par un militaire saoudien, le capitaine Barril et ses deux sous-officiers sont conduits près de la grande mosquée où ils sont pris en charge par un autre colonel.

Les gendarmes sont sur leur garde. Chacun est armé d'un revolver 357 magnum, d'un gilet pare-balles, de six grenades offensives et de cinquante cartouches.

— Il y a des snippers sur les minarets. Ils tirent très bien. Faites très attention, capitaine, explique le colonel.

— Et les autres ?

— Les rebelles sont dans les sous-sols. Ils sont nombreux, déterminés, bien entraînés. Nos meilleures troupes ont été décimées. Venez ici, capitaine...

Les deux officiers montent dans un petit bâtiment qui fait face à la mosquée. Par une ouverture en losange, le capitaine Barril du G.I.G.N. voit dans son ensemble la grande mosquée sacrée du monde musulman, avec ses minarets. Mais ce qui le frappe surtout, c'est l'odeur. Une terrible odeur de mort, celle de cadavres en décomposition dans la cour sacrée du bâtiment religieux. Des centaines de cadavres jonchent la place sacrée, les rigoles de sang séché tissent une toile d'araignée folle sur la cour ocre qui brille sous un soleil de plomb. Partout, sur les murs virginaux, des traces de balles et d'explosions. Et là-bas, à droite, un minaret au sommet noirci : c'est là que l'hélicoptère s'est écrasé. Sur la gauche de la cour, près de l'entrée principale, trois carcasses de blindés noircies.

Accroupi derrière la petite ouverture, le capitaine Barril prend des notes et trace des croquis. De temps à autre, une rafale d'arme automatique crépite.

Le soir, après une épuisante journée, où il a tourné autour de la mosquée d'observatoire en observatoire, il a une meilleure vue de la situation. Mais comme il lui est interdit de pénétrer dans le symbole de l'Islam, son travail de collecte du renseignement n'est guère facilité.

Dans la petite pièce qui leur sert à la fois de chambre et de bureau, l'un des sous-officiers résume la situation.

— C'est un sacré merdier, mon capitaine !

— Oui, mais nous sommes là pour tout remettre en ordre.

— Vous pensez qu'on va réussir ?

— On n'a pas fait ce voyage pour rien !

— Mais, mon capitaine, ils sont des milliers en face et bien armés. Vous avez vu les cartons ?

— Pour moi, l'essentiel c'est que la plupart des rebelles soit dans les sous-sols. C'est là qu'ils sont le mieux protégés pour l'instant, mais c'est aussi le seul endroit où ils sont vulnérables au gaz paralysant.

— Les gaz ? Vous rigolez, mon capitaine, il en faudrait au moins deux tonnes, et encore, on ne sait pas très bien comment les sous-sols communiquent entre eux.

— Eh bien, j'ai carte blanche de Paris. Je demanderai 2 tonnes de C.B. (gaz paralysant) s'il le faut.

— Et qui va l'utiliser, ce gaz, mon capitaine ? Les Saoudiens ne sont pas entraînés à le manipuler.

— Justement, ce sera votre mission. Vous apprendrez aux Saoudiens à utiliser les épandeurs (appareils servant à propulser les gaz).

— Ça va pas être de la tarte, mon capitaine, murmura le gendarme A... après un silence.

Dans leur cantonnement, les gendarmes se sentaient bien seuls en cette deuxième nuit. Excités par leur aventure hors du commun, ils avaient du mal à trouver le sommeil. C'est vers une heure du matin que le gendarme B... éteignit la faible lampe qui tentait vaillamment d'éclairer le bureau-dortoir. Ses deux camarades dormaient enfin. Lui, était chargé de monter la garde pendant les trois premières heures. Le 357 posé sur le genou, il grillait une cigarette dans l'obscurité.

25 novembre 1979, 8 heures. Le capitaine Barril est à nouveau devant l'état-major militaire de crise. Depuis la veille, la situation s'est encore aggravée. On signale dans plusieurs endroits des rassemblements de population organisés par les adversaires du roi. Il faut faire vite.

— Mon capitaine, avez-vous déjà une idée sur la manière dont il faut intervenir ?

— Absolument, mon colonel. Ma première reconnaissance d'hier me permet d'y voir plus clair, mais il faut que je précise certains détails et que je puisse poursuivre mon opération d'observation.

— Une voiture est en permanence à votre disposition, mon capitaine. Que nous proposez-vous dès à présent ?

— Il me faut une liste complète de toutes les unités dont vous disposez, de leur armement, de leur niveau militaire.

— Aucun problème, mon capitaine.

Le colonel se tourna vers l'un de ses subordonnés et donna une série d'ordres avec des intonations gutturales. Figé dans un garde-à-vous impeccable, l'officier saoudien salua et tourna les talons.

— Avez-vous besoin d'autres renseignements ?

— Oui, tout à fait, mon colonel. J'ai besoin de savoir de combien de postes de radio vous disposez. J'entends bien sûr de postes émetteurs récepteurs portatifs disposant de la même fréquence.

L'interprète qui traduisait depuis le début de l'entretien, avec une grande efficacité, marqua soudain son embarras.

— Mon capitaine, demanda-t-il, que veut dire « fréquence », c'est un mot technique, non ?

— C'est une longueur d'ondes. En fait, voulez-vous demander au colonel de combien de postes disposent ses hommes, postes qui doivent tous pouvoir communiquer entre eux.

Un large sourire éclata sur le visage de l'interprète.

Le 25 novembre 1979, à 19 h 15, une nouvelle réunion rassembla les trois gendarmes et l'état-major militaire saoudien. L'après-midi, le capitaine Barril s'était, une nouvelle fois, rendu près de la grande mosquée. Il avait pu interroger, grâce à un interprète, plusieurs personnalités religieuses qui, avec des larmes sur le visage, lui expliquaient ce qu'ils savaient des souterrains. À travers des conversations menées directement en anglais avec plusieurs officiers, le capitaine Barril s'était, d'autre part, renseigné sur l'étendue du mouvement de rébellion. Avec ce sixième sens du baroudeur, il avait compris, à travers les réponses évasives, que certaines unités de l'armée étaient peut-être prêtes à rejoindre les rebelles si ce n'était déjà fait.

— Mon capitaine, nous sommes en mesure de vous donner tous les renseignements que vous nous avez demandés ce matin. D'abord, les hommes. Nous disposons de six cents hommes de la Garde nationale. Ce sont nos meilleurs soldats. Nous avons également plusieurs unités bien entraînées qui stationnent en position de combat autour de la mosquée. Il y a environ deux mille cinq cents hommes. Nous disposons enfin d'une unité parachutiste de cent vingt-cinq hommes. Au total, trois milles deux cent vingt-cinq hommes, mais si vous estimez que c'est insuffisant, nous pouvons rapatrier des soldats disponibles dans d'autres garnisons.

— Ce sera suffisant, mon colonel ; et pour les émetteurs-récepteurs ?

— Une douzaine.

— C'est insuffisant. Pouvez-vous en avoir d'autres ?

— C'est tout à fait possible, nous les demanderons à d'autres unités. Combien en voulez-vous ?

— Une trentaine.

Le colonel se retourna, donna un ordre assez long. Un officier salua et sortit.

— Et votre plan, mon capitaine ?

Le capitaine Barril déplia une carte sous l'œil ébahi des officiers saoudiens. C'était la reconstitution de la mosquée sacrée avec des cotes approximatives. Soixante-quinze mille mètres carrés de bâtiments sacrés étaient là, tracés à grands coups de stylo feutre noir et rouge.

— Voici, mon colonel, dit le capitaine Barril en pointant son doigt sur différents points de son plan de fortune. Ici, là et là, il y a les entrées des sous-sols gardées par les rebelles. Les sous-sols sont constitués en fait par de très grandes salles. Ici (nouveau geste du doigt), elles sont reliées entre elles par de petits couloirs. Là, en revanche, il s'agit sans doute de la partie la plus ancienne. Nous avons toute une série de petites salles. Les rebelles détiennent la quasi-totalité des sous-sols, pour autant qu'on puisse le savoir, c'est-à-dire environ quatre-vingt mille mètres carrés de salles diverses. Mais ils détiennent aussi les minarets et les étages. Ils ont posté des mitrailleuses partout. Il faut donc, dans un premier temps, les obliger à se réfugier dans les sous-sols.

— Mais comment, mon capitaine ? Nos hommes ont donné trois fois l'assaut. Ils se sont repliés avec des pertes terribles. Leur moral est atteint, et un quatrième assaut de ce genre aboutirait à un quatrième échec. Or, dit le colonel, regardant le capitaine bien droit dans les yeux : nous ne pouvons plus nous permettre un quatrième échec...

— Il n'est pas question d'assaut, mon colonel. Je vous demande simplement de faire tirer vos hommes sur tout ce qui bouge dans les étages et dans les minarets et de ne pas tirer sur les entrées des souterrains. Ainsi, vous obligerez les rebelles à se réfugier dans les sous-sols. Il faut absolument qu'ils aient l'impression d'être en danger dès qu'ils ne sont plus dans les caves.

— C'est d'accord, capitaine, mais ensuite...

— Mon colonel, j'ai besoin de téléphoner à Paris et je vous exposerai alors l'ensemble de mon plan.

L'officier du G.I.G.N. salua. La conférence était terminée. On sentait bien que la première impression des officiers supérieurs saoudiens était très favorable aux trois gendarmes.

Lors du repas pris ensemble, la nostalgie de la cuisine française comença à se faire sentir. Certes, les premiers repas avaient l'attrait du folklore pour ces gendarmes qui se trouvaient, d'un seul coup, si loin de chez eux. Mais les menus épicés, et surtout l'obligation absolue de ne boire que du thé ou de l'eau, commençaient à peser sur les estomacs habitués au steak-frites accompagné d'un bon rouge. À cela s'ajoutait le sentiment qu'un pustch militaire était imminent. L'impression d'insécurité était totale. Chacun des trois gendarmes ne quittait jamais ses armes, même pour dîner.

26 novembre 1979, midi, heure locale. Il est dix heures à Paris lorsque sonne le téléphone dans le bureau de l'officier opérations au ministère de la Défense. Cet homme qui travaille en collaboration avec le S.D.E.C.E. [1] est l'un des très rares

1. Service de Documentation Extérieure et de Contre-Espionnage.

militaires à connaître l'existence de l'opération, et surtout à en mesurer l'importance diplomatique pour l'avenir des relations franco-saoudiennes. Le colonel français sait que le capitaine Barril va lui parler dans une seconde. Une ligne spéciale a été mobilisée pour cette opération ; seul le capitaine Barril a le numéro.

— Allô, ici d'Artagnan (nom de code du capitaine Barril). Vous avez la pastille ?

— Affirmatif, allons-y...

La pastille, c'est un capuchon électronique que l'on met par-dessus le combiné téléphonique. Il transforme la voix en un infâme concert de sifflements et de crachements. Si quelqu'un écoute ou enregistre la conversation, il sera bien déçu... Mais là-bas, à quatre mille kilomètres de Paris, dans le petit camp d'entraînement situé en plein désert, à quarante kilomètres de La Mecque, le capitaine Barril comprend parfaitement. Il a la même capsule et il n'en existe que deux exemplaires identiques au monde...

— Pourquoi n'avez-vous pas donné de vos nouvelles plus tôt, capitaine ?

— J'avais besoin de faire un point précis. Cela n'a pas été facile. Maintenant, je suis prêt.

— Comment se présente la situation ?

Pendant un quart d'heure, le capitaine Barril raconte à Paris. Il transpire à grosses gouttes. À l'extérieur du bureau, ses deux gendarmes, les traits tirés par la fatigue, montent une garde vigilante.

— J'ai besoin de matériel pour réussir ma mission...

— Beaucoup ?

— Pas mal...

— Bon, allez-y, je prends note.

Et le capitaine lit lentement la feuille mémento rédigée de sa main le matin même.

— Il me faut trois tonnes de gaz C.B.

— Combien ? s'étrangle le colonel, à Paris, qui pense avoir mal compris.

— Trois tonnes.

— Mais, vous voulez endormir un régiment !

— C'est exactement ça.

— Bon, ça ne va pas être de la tarte, mais on fera le maxi. Ensuite ?...

— Il me faut trente épandeurs. Cinquante kilos de plastic, des détonateurs, deux cents masques protecteurs spéciaux contre les gaz C.B.

— C'est tout ?

— Si j'osais, mon colonel, vous pourriez rajouter une bouteille de whisky et une bonne bouteille de Bordeaux !

À l'autre bout du fil, le capitaine Barril entend un rire franc.

— C'est l'auberge espagnole, votre commande, mon vieux ! Vous pensez avoir une chance de réussir ?

— S'il n'y a pas de coup d'État, c'est jouable !

27 novembre 1979, 11 heures. Dans la mosquée, les rebelles continuent à tenir. Ils sont loin de donner des signes de défaillance. Des minarets et des étages, partent de courtes rafales précises sur tout mouvement suspect. Les rebelles n'ont pas de problème d'approvisionnement. Ils avaient tout prévu en stockant des galettes, du riz et des munitions dans les sous-sols. Pas de problème pour les blessés non plus. Une des caves a été aménagée en hôpital. Un médecin et cinq infirmiers y disposent d'une trentaine de lits.

Dans deux grandes salles souterraines, six mille otages sont toujours là. Eux n'ont presque rien mangé, ni bu depuis le début de la rébellion, depuis près d'une semaine. Le chef des rebelles, Johaiman bin Saif al Otaiby, décide alors d'en libérer une partie. Environ un millier d'entre eux vont être poussés vers le soleil de la cour sacrée, vers la liberté.

Dès qu'ils surgissent en courant, les soldats saoudiens ouvrent le feu. Ils croient à un assaut des rebelles ou à une tentative de fuite de leur part. Une cinquantaine de mitrailleuses lourdes et plus de trois cents armes légères automatiques déchaînent un mur de mort. Par centaines, les pèlerins innocents tombent. Une rivière de sang souille à nouveau la cour sacrée de l'Islam. Le carnage est énorme.

À la télévision saoudienne, le journaliste-présentateur pleure en annonçant la nouvelle étendue du désastre. Tous sont intimement persuadés que ce sont bien les rebelles profanateurs qui, une nouvelle fois, ont violé le sanctuaire. Emportés par leurs sentiments très religieux, les commentateurs de la télévision insultent les attaquants, successivement qualifiés « d'ingrats, d'athées, de traîtres à la religion, de criminels. Ce sont des fous qui ont choisi la maison d'Allah pour perpétrer leur odieux forfait... »

Évidemment, personne n'explique les raisons profondes de ce début de soulèvement : le mécontentement d'une partie de la population, face à un or noir qui ne bénéficie vraiment qu'à deux mille privilégiés. Mouvement de mécontentement appuyé par les ennemis de l'Arabie Saoudite à l'étranger.

Mais ce qui sauvera le roi Khaled d'une révolution, c'est l'erreur psychologique énorme commise par les rebelles : profaner la grande mosquée du pays le plus religieux de l'Islam n'est, en effet, pas le meilleur moyen d'avoir « l'oreille du peuple ». Une formidable colère montera de tout le pays contre « les fous criminels de la mosquée ».

La vérité sur l'énorme bavure, qui se répétera encore à deux reprises, ne sera connue que d'un petit cercle d'initiés. Personne ne saura jamais combien de pèlerins ont été abattus dans la folie meurtrière de ces étranges jours. Les estimations varient selon les sources, de deux cents à trois mille. La vérité est, sans doute, plus proche du deuxième nombre que du premier. Plus d'un millier de morts en tous cas.

28 novembre, quinze heures. Il n'est pas de minute qui passe sans qu'une rafale ne déchire le silence accablé qui cerne la mosquée. Elle est entourée par plus de trois mille soldats en armes. Dans tous les bâtiments entourant la mosquée sacrée, des nids de mitrailleuses ont été installés, mais aucune coordination radio n'existe encore entre les différentes unités. Ce sont surtout les lieutenants et quelques capitaines saoudiens

qui sont au contact des rebelles avec leurs hommes. Les officiers supérieurs tentent de monter des plans d'ensemble, et surtout essayent de savoir si la totalité de l'armée reste bien fidèle au roi. Les bruits les plus fous circulent. Tel régiment s'est révolté, il marche sur La Mecque avec des blindés. Le roi a été blessé dans l'attentat. Il a eu une crise cardiaque...

Il est temps que quelque chose de décisif se produise.

28 novembre, 17 heures.

— Mon capitaine, vous avez Paris au bout du fil !

L'interprète est entré en courant dans la chambre-bureau des trois gendarmes du G.I.G.N. qui mettent au point les ultimes détails de l'intervention. Le capitaine décroche le téléphone qui sonne, en effet. Il met sur l'appareil le brouilleur électronique. À l'autre bout, très audible malgré la distance, le colonel Z... a une voix ravie :

— Mon capitaine, vous m'entendez bien ?

— Affirmatif, mon colonel.

— J'ai réussi à tout obtenir, à centraliser le matériel dans la soirée. Une Caravelle du G.L.A.M. décollera après-demain, le 30, de la base militaire d'Évreux, en fin de matinée. Elle sera sur l'aéroport de La Mecque entre 19 heures et 21 heures. Elle fera escale à Athènes ou à Chypre. On verra ça à la dernière minute.

Anxieux, les deux gendarmes et l'interprète scrutent le visage impénétrable du capitaine Barril. Il se retourne alors vers eux et lève le pouce avec un clin d'œil.

— C'est gagné, murmure le gendarme B... dans l'oreille de l'interprète qui repart aussitôt en courant vers le baraquement du colonel.

29 novembre, 9 h 15. Dans le bureau du colonel, le capitaine Barril expose ses plans détaillés. Tout a été préparé comme à l'école de guerre. Le plan radio avec pour chacun des trente émetteurs-récepteurs le nom de l'officier responsable — généralement un lieutenant —, sa mission précise. Le nombre d'hommes dont il devra disposer et le matériel à utiliser. Sur un deuxième plan, les itinéraires d'assaut. De grandes flèches

bleues rejoignent des flèches rouges dans une débauche de courbes. Enfin, le plan d'entraînement sur trois jours des soixante soldats qui porteront les épandeurs de gaz C.B. Trente ont été commandés, mais il faut prévoir que l'un des porteurs soit tué lors de l'assaut. L'autre soldat doit être capable de prendre sa place immédiatement sous les ordres des officiers et des meilleurs soldats d'assaut qui seront tous masqués.

Le colonel approuve chacun des plans d'un hochement de tête. Il aura la lourde responsabilité de faire coller la réalité à la théorie.

30 novembre, 12 h 40. Coup de fil de Paris au capitaine Barril « Nous avons des problèmes pour rassembler le matériel, notamment les trois tonnes de gaz C.B. L'avion atterrira le 1er décembre entre 18 heures et 20 heures, heures locales. »

1er décembre, 17 h 30. L'œil aux aguets, les trois gendarmes arrivent à l'aéroport de La Mecque. Ils franchissent le barrage militaire grâce à leur laissez-passer spécial. Ils sont suivis par trois camions qui transporteront le matériel au camp spécial. Le visage des trois hommes est tendu. Ils ont très peu dormi et mal mangé. Oh, l'hospitalité saoudienne n'est pas en cause. On fait le maximum pour eux. Mais le beefsteak-frites-beaujolais commence à prendre des allures d'obsession, et les nuits coupées par les tours de garde à trois ne sont pas faites pour arranger la forme. Et puis, il y a la chaleur qui ramollit les chairs et les volontés. Mais la perspective de voir d'autres militaires français, d'avoir des nouvelles du pays, regaillardit les hommes en noir de la gendarmerie.

18 heures : rien.

19 heures : rien. À la tour de contrôle, aucun message radio.

20 heures : rien. Le découragement s'abat sur les trois gendarmes.

— Qu'est-ce qu'ils foutent, mon capitaine ?

— J'en sais fichtre rien ! Peut-être qu'une caisse de gaz C.B. s'est ouverte en vol et qu'ils roupillent aux commandes...

La plaisanterie fait long feu, personne n'a le cœur à rire.

20 h 41 : la voilà ! Effectivement, tous phares d'atterrissage allumés, voici que se pose le grand oiseau blanc si impatiemment attendu. La Caravelle du G.L.A.M., bourrée de gaz C.B. et d'explosifs, remonte majestueusement la piste de dégagement et coupe ses réacteurs au point du parking. Une porte s'ouvre à l'arrière. Enfin, c'est la France ! Le capitaine Barril grimpe quatre à quatre. À bord, il y a trois hommes : le commandant, le co-pilote, le navigateur.

— Heureux de vous accueillir, dit le capitaine Barril.

— Merci, capitaine, mais on a failli avoir de graves problèmes.

— Des ennuis mécaniques ?

— Non, politiques. Les Syriens ont eu vent de notre mission. Ils nous ont interdit le survol de leur territoire, à la dernière minute. On a été obligé de faire un détour et on avait la trouille qu'un mig syrien ne vienne faire un carton ! Bon, on va pas moisir ici. Vous avez des « gus » pour décharger cette quincaillerie ?

— Vous en faites pas, on va pas traîner non plus !

En vingt minutes, près de cinq tonnes de matériel sont chargées dans les trois camions. Avant de partir, le capitaine et ses deux gendarmes vont serrer la main de leurs camarades de l'armée de l'air.

— J'ai un ultime paquet pour vous, capitaine ! dit le commandant de bord.

Et avant toute question, il tend au capitaine Barril un sac en papier d'emballage qui laisse deviner la forme de deux petites bouteilles. Un coup d'œil à l'intérieur. C'est une flasque de whisky et une bouteille de bordeaux. Le colonel Z... a bien réuni la commande jusqu'au moindre détail !

— Merci à tous et bon voyage de retour !

— On va essayer de ne pas se faire piquer avec ça ! dit le capitaine en désignant les deux bouteilles. L'alcool est formellement interdit dans ce pays, mais je crois qu'en ce moment, ils ont d'autres problèmes, alors on a une chance !

C'est ainsi qu'à une heure du matin, toutes lumières éteintes, à la lueur du bout incandescent de leurs cigarettes, les trois gendarmes pourront goûter aux joies des infidèles.

2 décembre, 6 h 30. Le jour n'est pas encore levé sur le petit camp militaire. Mais déjà une intense activité indique qu'il se passe quelques chose. Des camions se garent sur une zone balisée de fûts peints en vert sombre. Des soldats s'alignent sous les aboiements brefs des officiers. Dans le bureau du colonel, le capitaine Barril sirote son premier thé à la menthe de la matinée. Il en a la nausée. Mais pas question ce matin de laisser son esprit vagabonder vers un zinc de bistrot où fume un café « serré » à côté de deux croissants chauds. Le matériel est là. Il faut aller vite.

— Comment voulez-vous procéder, capitaine ?

— Eh bien, mon colonel, j'ai mis au point une méthode d'entraînement rapide pour vos hommes. Mes deux sous-officiers serviront d'instructeurs. L'entraînement sera divisé en deux parties. D'abord le conditionnement de la poudre C.B. (paralysante), ensuite l'utilisation des propulseurs et des masques de protection.

— Combien de temps vous faut-il ?

— Quelques heures. D'autre part, afin d'éviter toute mauvaise surprise en cas de rébellion d'une partie des unités contre le roi, vos troupes spéciales et les troupes dont vous aurez la certitude de la fidélité devront porter leurs insignes à droite. Ce sera le signe de reconnaissance des troupes engagées sous vos ordres dans l'opération « reconquête de la mosquée ».

— Vous avez carte blanche, mon capitaine.

« Décidément, tout le monde lui donnait carte blanche », pensa-t-il. Paris d'abord, les Saoudiens ensuite. En cette aube nouvelle qui allait éclairer le désert jaune, le capitaine eut une pensée pour sa femme et pour son fils de onze ans. Ils ne savaient rien de sa mission, simplement qu'il était parti « en stage à l'étranger ». Évidemment son épouse se doutait bien qu'il s'agissait de quelque chose de très spécial. Mais elle avait l'habitude du secret militaire qui tirait parfois un rideau entre leurs deux vies. Le fils du capitaine Barril, lui, avait une admiration sans borne pour son père.. Qui n'a rêvé d'avoir pour papa un mélange de Zorro, de Flash Gordon, de Spirou et de Tintin ? Or, son père, c'était précisément cela : ceinture noire de karaté, tireur d'élite, parachutiste, nageur de combat, spécialiste du couteau, du close-combat, des explosifs... et pourtant, un père qui est loin d'avoir un gabarit et un faciès de brute. Un visage plutôt poupin, un sourire moqueur, désarmant, du coin des lèvres. Et toujours blagueur, toujours de bonne humeur. Oui, comment n'aurait-il pas adoré ce père-héros ?

Un héros qui pour l'instant est fatigué. Mais comme un chasseur guettant le gibier proche, le capitaine Barril mobilise ses forces pour l'ultime parcours semé d'embûches. Déjà, derrière trois petits bâtiments, l'un de ses gendarmes, appuyé par un interprète, donne des ordres. Les soldats choisis font cercle autour de lui. Il leur présente des petits tonneaux d'aluminium d'une dizaine de kilos chacun. Ce sont les containers de gaz C.B.

— Avec un gramme de cette poudre, vous pouvez endormir un homme pendant un bon quart d'heure.

L'interprète traduit phrase à phrase. Les soldats saoudiens ne bronchent pas. Ils regardent de tous leurs yeux.

— Cette poudre sera chargée dans ceci... et le gendarme A... monte deux bouteilles genre plongée, reliées entre elles par une armature style sac à dos.

Pendant toute cette journée, les deux gendarmes vont expliquer, démontrer, manipuler le gaz, les bouteilles et les masques. Chacun est responsable d'un groupe d'une trentaine d'hommes, plus quinze officiers. Chaque officier sera, en effet, responsable d'un groupe de deux hommes. L'un portera l'appareil épandeur de gaz C.B. L'autre sera là en secours et portera l'émetteur récepteur de liaison. L'officier portera les explosifs et les détonateurs qui serviront à faire sauter les portes de sous-sols pour pouvoir propulser le gaz C.B.

En fin d'après-midi, vers 17 h 30, chacun des soixante soldats est capable de remplir lui-même les appareils épandeurs après avoir fixé sur son visage les masques protecteurs panoramiques. Un seul incident : lors d'une manipulation, l'un des soldats laissera s'échapper un peu de poudre qui sera propulsée par un léger vent du désert. Deux officiers qui avaient retiré leur masque « parce que tout s'était bien passé jusqu'à présent et qu'il faisait vraiment trop chaud sous ces masques », seront mis K.O. en deux secondes ! Tout le monde en rira bien et cela mettra un peu de bonne humeur sur tous les visages tendus.

3 décembre, 11 heures. Les environs de la grande mosquée sentent toujours davantage la poudre et le cadavre. Des rats ont fait leur apparition. Les rebelles ne sont pas le moins du monde découragés. Les soldats si. Mais le bouche à oreille leur a appris que quelque chose de définitif se préparait. Du « matériel spécial » était arrivé à l'étranger. Le roi Khaled allait bientôt gagner. C'était une question d'heures...

Malgré les espoirs des rebelles, le sacrilège qu'ils ont volontairement commis ne se sait guère. Une censure draconnienne s'est abattue sur tout le pays. Les étrangers ne peuvent aller à La Mecque, réservée aux seuls musulmans, et cela évite les fuites. Quant aux pèlerins, ils ne peuvent quitter la ville si l'on devine qu'ils connaissent « les événements ». Ce qui est le cas pour la plupart d'entre eux. Alors on leur explique qu'il n'y a pas d'avions, ni de cars pour le moment, mais que cela ne va pas durer... inch Allah ! que la volonté du prophète s'accomplisse.

Au camp spécial qui abrite les trois gendarmes du G.I.G.N. depuis maintenant dix jours, l'entraînement des soixante soldats et des trente officiers continue. Cette journée est consacrée encore au maniement des épandeurs de poudre C.B., mais aussi du maniement des explosifs pour les officiers. Cette fois, le capitaine Barril ne joue plus les mouches du coche entre les deux groupes entraînés par ses gendarmes. Avec les trente officiers, il forme une seule équipe. Réfugiés dans un baraquement, le capitaine Barril explique. Il laisse des silences entre ses phrases pour permettre à l'interprète de traduire ses paroles. Devant lui, une petite table sur laquelle il a disposé explosifs, cordons, et détonateurs.

— Messieurs, votre rôle, demain, sera déterminant. C'est vous qui permettrez le succès ou l'échec de l'opération. Je demande donc toute votre attention.

Après la traduction de l'interprète, les trente officiers inclinent la tête en avant. On sent chez chacun d'entre eux une détermination à la fois militaire et religieuse. Tous sont croyants. Profondément. Pour comprendre un peu leur sentiment, il faut imaginer qu'un officier catholique est chargé de reprendre le Vatican occupé par des fanatiques qui ont provoqué des centaines de morts place Saint-Pierre, ou qu'un officier juif doit reprendre le mur des lamentations à Jérusalem, dans les mêmes conditions.

Le capitaine Barril prend un morceau de plastic. Un explosif ultra-puissant, qui ressemble à de la pâte à modeler. Il se dirige vers la porte qui donne sur le désert.

— Demain matin ce sera l'assaut. Dans les souterrains, il y a de lourdes portes. Les religieux me l'ont dit. Pour faire sauter les portes, vous utiliserez ceci... Et le capitaine Barril lance en l'air une boule d'explosifs qu'il vient de modeler, et qu'il rattrappe comme une balle de tennis.

— Regardez bien. Cette masse d'explosif, vous devrez la coller ici, ici, et là...

Le capitaine a divisé la boule d'explosifs en petites masses d'une centaine de grammes chacune. Il les a collées, d'un geste sec, aux quatre coins de la porte.

— Pour faire exploser ces masses, il faut les relier entre elles avec ce fil. Et le fil doit être lui-même relié à des détonateurs que vous placerez dans chacune des petites boules de plastic aux quatre coins de la porte.

Le capitaine Barril montre lentement chacun des gestes à faire. Puis il explique l'ultime manœuvre : relier le fil à une petite génératrice à main.

Le soir, chaque officier a répété ces gestes qui seront décisifs lors de l'assaut du lendemain. En guise de point final à cette deuxième et dernière journée d'entraînements, un officier saoudien est choisi au hasard.

— Allez-y. Jusqu'au bout, jusqu'à l'explosion ! lui dit le capitaine Barril.

— Vous autres, mettez-vous à l'abri !

Dès la traduction terminée, une volée de moineaux s'égaille en direction du bâtiment le plus proche. Des ordres claquent. Des officiers saoudiens regardent passer le groupe d'assaut avec des yeux ronds. Eux aussi, vont se mettre à l'abri. Le capitaine Barril reste seul dans la pièce avec le lieutenant saoudien qui transpire à grosses gouttes. L'interprète n'est plus là...

— Vous avez mis trop de plastic pour cette porte, vous allez faire sauter le bâtiment !

Le lieutenant saoudien se retourne et fait un geste d'impuissance. Il ne comprend pas.

— You speak english ? demande le capitaine Barril.

— Yes, sir ! répond le lieutenant saoudien.

— Too much explosives for this door. To morrow, yes. But this evening, no, it is a little door, not a strong one. Have you understand ?

— Yes, sir ! dit l'officier qui divise en deux les masses de plastic en les montrant au capitaine.

— Is it enough, now ? interroge-t-il.

— No, this is too much one more time ! look ! like this is enough... Et le capitaine Barril divise encore en deux les quatre boules d'explosifs collées. Des petites masses d'une trentaine de grammes environ. Le lieutenant tire un fil, sort par une fenêtre suivi du capitaine, en déroule une vingtaine de mètres, le branche à la génératrice à main, se couche dans le sable, crie un ordre en arabe puis demande :

— Are you ready, sir ?

— Yes, go on ! répond le capitaine Barril.

D'un geste sec, il tourne une poignée d'un demi-tour. Une explosion souffle instantanément le bâtiment. Des morceaux de carreaux réduits en miettes recouvrent les deux hommes, tandis qu'un nuage de poussière s'élève...

De l'autre côté du camp, on entend des cris. Deux jeeps arrivent avec des soldats, mitraillette à la main : ils ont cru à un attentat. Les officiers saoudiens rient. La journée se termine par un moment de détente. Dans le vieux baraquement, un trou béant se découpe. Quelques vitres du bâtiment voisin ont également volé en éclats. Le colonel arrive.

— Tout va bien, capitaine ?

— Tout va bien, mon colonel. Nous sommes prêts.

4 décembre, 7 heures. C'est le jour J. À titre exceptionnel, le capitaine Barril a pour la troisième fois été autorisé à pénétrer dans La Mecque. Mais pas question d'entrer dans la mosquée sacrée. Aux côtés du colonel, dans le P.C. radio, il va vérifier que son plan d'action est scrupuleusement suivi. Les unités d'élite cernent toujours la mosquée. Elles doivent permettre l'accès des trente équipes spéciales. À l'abri des bâtiments qui entourent la mosquée sacrée, les soixante hommes et les trente officiers essayent leurs masques pour se donner le change. Mais l'odeur épouvantable de la mort serre toutes les gorges.

À 8 heures, la coordination radio est établie. Les trente officiers sont prêts avec chacun un groupe de deux hommes. Les rebelles, qui sentent que quelque chose se prépare, redoublent leurs tirs. Dans les minarets et les étages, il reste une trentaine de snippers qui tirent remarquablement bien. On découvrira plus tard qu'ils s'étaient entraînés à cent cinquante kilomètres de La Mecque, dans un camp spécial caché dans l'immensité du désert et ravitaillé par plusieurs pays arabes hostiles au régime du roi Khaled.

De longues rafales d'armes automatiques répondent au tir précis des snippers. Le capitaine Barril voit passer un camion dégoulinant de sang. Sur le plateau, une demi-douzaine de militaires saoudiens, morts ou blessés. Debout sur un marchepied, un officier saoudien crie des ordres que le capitaine ne comprend pas.

9 h 45 : « Attention, dit le colonel, nous sommes à H moins 15. »

Pour éviter toute erreur, chaque commando de trois hommes est désigné par le nom de l'officier qui le commande. Pendant deux minutes, le colonel vérifie que chacun est prêt et que les liaisons radio fonctionnent.

— Ben Akmer ?

— Prêt ! mon colonel.

— Ahmed Ben Jaidan ?

— Prêt ! mon colonel.

— Suleiman Adana ?

— Prêt ! mon colonel.

Oui, chacun des trente commandos est prêt. Ils devront se glisser derrière les troupes d'assaut et pénétrer par trois descentes aux sous-sols. Ensuite, ils progresseront masque sur le visage, et feront sauter une à une les lourdes portes que les insurgés ont fermées. Les épandeurs entreront en action. Dès qu'ils seront vides — chaque épandeur est chargé de dix kilos de poudre C.B. —, le soldat responsable regagnera l'arrière où il procédera à un rechargement avant de repartir à l'assaut. Tout cela a été répété de manière intensive lors des deux jours d'entraînement. Le capitaine Barril, n'est pas superstitieux. Pourtant, il croise discrètement les doigts pour conjurer le mauvais sort.

9 h 59.

— Attention à toutes les unités ! dit le colonel dans le micro de la radio. Nous sommes à H moins une minute !

À l'extérieur du bâtiment où la centrale radio a été installée, on entend toujours des rafales d'armes automatiques assez nourries.

10 heures. « Pour la grandeur d'Allah, en avant ! » Le colonel a prononcé l'ordre d'assaut avec gravité et enthousiasme. Brusquement, un infernal crépitement se répercute en écho, de mosquée en bâtiments. L'enfer vient de se déchaîner. Plus d'une centaine d'armes automatiques mitraillent les

ouvertures d'où part le feu des rebelles depuis quatorze jours.

— Allah Akbar ! Allah est grand ! crient les troupes d'assaut galvanisées par la vue des commandos spéciaux, masques sur le visage. Les trois entrées repérées sont cette fois rapidement enlevées aux rebelles. Ils n'ont pas l'air d'y attacher de l'importance puisqu'ils tiennent toutes les autres, dans la partie nord de la mosquée. Déjà, le 28, les troupes d'assaut du roi Khaled avaient tenté de les enfumer en brûlant des pneus dans les sous-sols. Mais les grandes portes qui séparent les « caves » des autres avaient merveilleusement joué le rôle de parois anti-feu et d'écrans de fumées très efficaces. Cependant, pour éviter toute nouvelle tentative, les rebelles avaient installé plusieurs tireurs d'élite sur les entrées des sous-sols utilisées lors de l'assaut du 28. En réalité, vingt-deux entrées permettent de descendre dans ces immenses sous-sols de soixante-quinze mille mètres carrés. C'est dans une partie d'entre eux seulement que les rebelles se sont réfugiés avec leurs otages. On découvrira plus tard que les trois mille otages se sont ralliés à leurs ravisseurs. La conversion idéologique n'a aucune responsabilité dans leur attitude. Mais quelques rescapés des trois « libérations » opérées par les rebelles ont finalement convaincu la masse des pèlerins. À l'extérieur, les soldats abattent sans discernement tout ce qui tente de sortir, avec ou sans arme. Alors, autant se battre aux côtés des ravisseurs, pour avoir une chance d'en sortir vivant, sauf le respect dû à la volonté d'Allah.

À 10 h 30, le premier groupe d'assaut rend compte par radio :

— Nous sommes devant la première porte. Nous allons la faire sauter !

Dans le noir du souterrain, les faisceaux des lampes électriques tracent d'étranges doigts lumineux dans la fumée âcre des combats. La lourde porte en bois armée de clous est décorée de peintures sans doute séculaires. Avec nervosité, le lieutenant saoudien pose ses pains de plastic, enfonce les détonateurs, tire le câble de mise à feu jusqu'à un angle de mur, visse son générateur manuel.

— Attention, couchez-vous ! hurle-t-il.

Puis, d'un geste sec, il tourne la poignée de la petite boîte noire. Un souffle terrible balaye le souterrain. Malgré l'angle du mur, le commando est projeté contre les escaliers. Les masques sont arrachés. L'un des soldats est blessé à la tête, il saigne, mais la déchirure est superficielle. Une poussière millénaire densifie l'atmosphère.

— En avant ! dit le lieutenant.

Chacun remet son masque et s'enfonce dans la nuit du souterrain. La porte est là, à demi effondrée. Des petits éclairs brefs permettent aux trois commandos d'avancer sans devenir des cibles trop faciles pour les rebelles qui se cachent quelque part dans la sinistre nuit. Le lieutenant est lourdement chargé. Dans deux musettes, il transporte cinq kilos de plastic, dix grenades offensives, quatre chargeurs de mitraillette, une mitraillette, une lampe électrique. Rasant le mur du côté droit, il s'arrête un instant, un genou à terre, imité par les deux hommes. Malgré l'épaisseur du souterrain , il entend d'autres explosions, des tirs d'armes automatiques, des cris étouffés... partout, dans les sous-sols millénaires, les commandos spéciaux saoudiens avancent, pour la gloire d'Allah et du roi.

Aucun jet de poudre n'a été lancé pour l'instant par l'équipe de pointe puisqu'elle n'a rencontré aucune résistance. Trente mètres plus loin, le souterrain se divise en deux galeries.

— Attention ! dit le lieutenant à la radio, je prends la galerie de gauche. À toi, celle de droite, Suleiman !

La deuxième équipe du lieutenant Suleiman était restée en réserve dans le premier escalier.

— O.K., c'est bon ! J'arrive et je prends à droite. Bien compris.

Dans la galerie de gauche, une voûte s'abaisse progressivement. De six mètres, elle descend à cinq, puis à quatre. Avançant toujours avec leurs lampes torches que le lieutenant n'allume jamais plus d'une seconde, le commando découvre soudain une nouvelle porte. Rapidement, les charges sont une nouvelle fois disposées. Instruit à ses dépens par la première explosion, cette fois le commando recule considérablement, se met à plat ventre, se bouche les tympans. Une lueur bleutée, un souffle chaud et puissant, une nuée de débris et de poussière : la deuxième porte vient de voler en éclats. La déflagration a été si intense, qu'un silence absolu semble lui succéder. Mais très rapidement, les oreilles des trois hommes perçoivent à nouveau le bruit des combats. Et soudain, l'enfer. Là-bas, de l'autre côté de la porte, une, puis deux, puis sept armes automatiques ont ouvert le feu. Toujours couchés à terre, les trois commandos perçoivent le chuintement des balles qui frappent les murs de pierres en lançant des étincelles.

— Ahmed, hurle le lieutenant, allez-y !

Mais Ahmed, sans doute terrorisé, ne bouge pas d'un millimètre. L'appareil propulseur de gaz paralysant qu'il a sur le dos devrait pourtant immédiatement entrer en action. Furieux, le lieutenant donne un petit éclair avec sa lampe de poche. À deux mètres de lui, Ahmed le regarde sans cligner des yeux. Un petit trou rouge sur l'œil gauche commence à laisser échapper une matière blanchâtre dans un bouillonnement de sang.

— Ben Bechir ! hurle le lieutenant, prenez l'appareil ! Ahmed est touché !

Tandis que des vingtaines de balles continuent à siffler autour d'eux, Ben Bechir s'approche en rampant de son camarade mort dès son premier combat. Sans même essayer de lui ôter l'appareil du dos, il cherche à tâtons le tube lance-poudre, le saisit, le dirige au jugé vers les petites flammes blanches et rouges qui marquent le départ des coups à une quarantaine de mètres et appuie.

Il appuie de toutes ses forces sur la détente de l'appareil qui se vide avec un chuintement que lui seul perçoit tant le bruit de la fusillade est intense. Un brouillard de poudre avance dans le souterrain en direction des rebelles. Un ultime coup de feu, et le silence tombe en chappe de plomb sur les deux survivants.

— Il faut recharger l'appareil, mon lieutenant, j'ai tout balancé !

— O.K., dit le lieutenant et dans le micro, il appelle la troisième équipe, tandis qu'il fait demi-tour dans l'obscurité, pour revenir vers les escaliers.

Cette scène va se répéter dix fois, vingt fois. Les explosions sourdes indiquent la progression des combattants de sous-sols qui font sauter porte après porte.

À 11 heures, plus d'une tonne de gaz C.B. a été répandue dans les sous-sols.

À 11 h 30, la totalité des défenses de surface des rebelles est neutralisée.

Par cinq soupirails qui donnent dans l'un des sous-sols, deux équipes pulvérisent de la poudre paralysante depuis la cour sacrée. On entend toujours tirer des armes automatiques, mais le bruit est étouffé par les murs millénaires des sous-sols.

À midi, plus d'une tonne et demie de poudre a été répandue. Une cinquantaine de prisonniers sont emmenés. Mais dans les sous-sols, un effroyable carnage continue. Neutralisés par la poudre, les rebelles et leurs otages ralliés meurent d'asphyxie ou sous les explosions des portes et des grenades offensives dont le souffle est décuplé entre les murs des souterrains.

À 14 heures, le silence tombe. Deux tonnes de poudre noient toutes les caves, tous les souterrains. Les commandos spéciaux ont perdu plus de la moitié de leurs effectifs. En surface, une centaine de soldats ont également été tués. Mais côté rebelles, le bilan est impossible à faire. Des milliers de morts, oui, des milliers. Des camions entiers de cadavres feront une macabre noria pour nettoyer la cour, les escaliers et les caves les plus accessibles. La mosquée sacrée, saturée de poudre paralysante, en renvoie de fins nuages dans l'atmosphère. Poussée par le vent du désert, la poudre se dirige vers la mer. La nuit, le phénomène s'inversera. Dans La Mecque, des milliers d'yeux pleurent. La victoire des soldats du roi en est moins responsable que le surplus de poudre C.B.

— Mon capitaine, nous avons réussi grâce à vous. Nous n'oublierons jamais !

Le colonel ne veut pas laisser paraître son émotion devant un officier étranger. Mais le capitaine Barril du G.I.G.N. comprend qu'il vient de vivre un grand moment de l'histoire de l'Islam, en général, et de l'Arabie Saoudite en particulier.

Le soir, le roi Khaled donnera une grande fête en l'honneur d'Allah et de la victoire. Trois gendarmes, toujours sur leur garde, seront félicités par le général chef d'état-major. L'insigne spécial des parachutistes saoudiens leur sera décerné.

Dès cet instant, le capitaine Barril redoute d'être éliminé ainsi que ses deux gendarmes. Les Saoudiens sont un peuple fier. Ils n'aiment pas devoir quelque chose à quelqu'un. Qui sait si, dans l'ombre du roi, un clan militaire ne projette pas la disparition de ces trois gendarmes français qui deviennent embarrassants ? Malgré une terrible fatigue accumulée depuis douze jours, les gendarmes « doubleront la garde » pendant la nuit. C'est-à-dire qu'un seul dormira pendant que les deux autres veilleront sur son sommeil dans le camp spécial qu'ils ont regagné à minuit 30. Mais rien ne sera tenté contre eux.

5 décembre, 15 heures. Le capitaine Barril et ses deux gendarmes sirotent tranquillement un whisky. Ils sont à bord d'un Boeing 707 de la compagnie Alitalia qui a fait escale à Er Riad et qui se dirige vers Rome. Les trois hommes ont été conduits à Riad dans un petit avion militaire. Maintenant, l'une des aventures les plus extraordinaires vécues par les gendarmes du G.I.G.N. est vraiment terminée.

Vraiment ? Pas tout à fait. Le capitaine Barril, convoqué au ministère de la défense, sera enfermé dans un bureau. Il tapera lui-même à la machine un rapport ultra-secret en deux exemplaires : le premier pour le président de la République. Le deuxième pour le ministre des Armées. Le carbone qui sépare chaque feuille de son long rapport de douze pages sera brûlé devant lui par un colonel qui mettra ces rapports dans deux enveloppes immédiatement cachetées à la cire. Cette fois, l'aventure de La Mecque est vraiment finie.

Trois gendarmes ont sauvé un trône. Six mois plus tard, l'Arabie Saoudite passait à la France un fabuleux contrat d'armement de trois milliards.

Le 28 janvier 1980, Jean Michel Gourevitch, du *Point*, jette un pavé dans la mare au secret révélant les grandes lignes de l'histoire de La Mecque. Lorsque j'interroge officiellement le directeur de gendarmerie, M. Barbeau, celui-ci confirme indirectement l'authenticité de la mission du G.I.G.N. en disant : « Je n'ai aucun commentaire à faire. »

Une semaine plus tard, le 10 février 1980, j'interroge le capitaine Barril du G.I.G.N. sur sa mission en Arabie Saoudite. Il me répondra par cette boutade : La Mecque ? Nous n'y sommes jamais allés et nous n'y retournerons jamais plus !

BALLERINES EN NOIR POUR L'HÔTEL DES OTAGES

Dimanche 6 janvier 1980. La Corse connaît une nouvelle poussée de fièvre. À Bastelica, des hommes armés se sont rassemblés. Ils ont intercepté ce qu'ils appellent « Les Barbouzes du mouvement Francia ». Il s'agirait de spécialistes de l'action clandestine chargés d'utiliser sur le terrain, c'est-à-dire en Corse, les mêmes armes que les autonomistes : attentats d'intimidation. Selon la loi française, la formation de « bandes armées » est un acte très grave. Or, la plupart de ces hommes armés réussiront à quitter Bastelica mollement cernés par les forces de l'ordre. À 17 heures, le dimanche 6 janvier 1980, le G.I.G.N. est mis en pré-alerte.

Trois jours après, on apprend que vingt-neuf hommes armés ont pris des otages et se sont réfugiés à l'hôtel Fesch d'Ajaccio.

Le 9 janvier à 7 heures, le G.I.G.N. est mis cette fois en alerte immédiate.

— Capitaine Prouteau, vous allez partir rapidement pour la Corse. Les événements se sont aggravés. Nous avons besoin de votre équipe, dit le colonel F... au téléphone.

— De quels renseignements disposez-vous, mon colonel ?

— Une vingtaine d'hommes très bien armés, notamment de fusils de chasse à répétition automatique, de pistolets et de revolvers, ont pris une douzaine d'otages à l'intérieur de l'hôtel Fesch à Ajaccio. Voilà tout ce que nous savons. Il faut que vous soyez là-bas rapidement. Êtes-vous prêt ?

— Affirmatif, mon colonel. Nous sommes en pré-alerte depuis trois jours, et en un quart d'heure, je serai opérationnel. Mais j'ai l'intention d'emmener le maximum de personnel et de matériel avec moi, compte tenu des informations que vous venez de me communiquer.

— C'est-à-dire ?

— C'est-à-dire vingt-deux hommes, deux officiers, trois chiens, deux voitures radio, un camion, les fusils, les explosifs et les munitions.

— Bon, je vais vous demander un Transall à l'Armée de l'air. Pour l'instant, tenez-vous prêt. Votre heure de départ dépendra de l'Armée de l'air.

À 10 h 10, les gendarmes du G.I.G.N. et leurs deux officiers connaissent enfin leur destination : la base militaire d'Orléans. Cent kilomètres à parcourir par l'autoroute, c'est l'affaire de trois quarts d'heure. Les hommes sont gonflés à bloc. Ils sentent que leur mission est exceptionnelle, difficile. C'est leur plus grosse prise d'otages depuis Djibouti. À cent à l'heure, le convoi de cinq voitures et d'un camion Saviem longe les grillages qui entourent la base militaire. La guérite de l'entrée grossit rapidement avec sa barrière baissée rouge et blanche. Crissement de pneus. Le capitaine Prouteau baisse sa vitre.

— C'est nous, le G.I.G.N., où est l'avion ?

— Ah bon, y'a un avion qui vous attend ? répond le planton qui, manifestement, n'est au courant de rien.

— Oui, oui, reprend le capitaine Prouteau. On doit partir très rapidement en Corse. C'est grave !

— Qu'est-ce que vous voulez faire ? demande la sentinelle dépassée par les événements...

— Nous, on part tout de suite !

— Bon, ben je vais poser la question...

— Écoutez, je ne comprends pas ! explose le capitaine

Prouteau, j'ai reçu tout à l'heure un coup de téléphone me précisant : décollage d'Orléans à 11 heures. Nous sommes déjà en retard, il est 11 h 15. Il y a quelque chose qui ne va plus...

— Ah bon, vous croyez ? dit la sentinelle encore plus ahurie par ce qui lui tombe sur les épaules.

Après plusieurs coups de fils et de multiples palabres, le convoi du G.I.G.N. est enfin autorisé à pénétrer sur la base... Le Transall est là, porte arrière largement ouverte jusqu'au sol (cette porte sert de rampe d'accès pour les véhicules et les hommes). Un sous-officier mécanicien est présent. Les hommes du G.I.G.N., jaillissent de leurs voitures.

— On va monter les véhicules, ça fera gagner du temps, ordonne le capitaine Prouteau.

— Mais, mon capitaine, dit le sous-officier mécanicien, il faut attendre l'équipage...

— Eh bien, où est-il ? demande Prouteau.

— Ah ! ils ont décidé de partir à 12 h 30. Ils ont d'abord voulu déjeuner !

— Quoi ? explose le capitaine Prouteau. On va aller se faire casser la gueule en Corse pour tenter de sauver des otages ! On nous demande de faire le plus vite possible ! Il y a des otages qui attendent que nous intervenions, et il y a des militaires qui nous annoncent qu'ils vont bouffer ! Mais dans quelle armée sommes-nous ? Tous mes hommes ici — et le capitaine balaye d'un large geste du bras ses vingt-deux hommes qui font cercle autour de lui — n'ont rien bouffé depuis ce matin 7 heures. Et le repas de midi est loin d'être leur première préoccupation !

L'officier mécanicien est mal à l'aise.

— J'y suis pour rien, mon capitaine ! C'est le transit...

— Oui, d'accord, je sais ! Allez, conduisez-moi au transit en vitesse !

Dans la 204, le capitaine et le mécanicien roulent vers un long bâtiment gris au pied de la tour de contrôle. Prouteau entre, un planton lève la tête...

— Amenez-moi chez le colonel !

— Mais, mon capitaine, bafouille le planton surpris...

— Il n'y a pas de mais, introduisez-moi chez le colonel !

Deux minutes plus tard, le capitaine Prouteau est dans le bureau du colonel, qui se demande ce qui lui arrive.

— Que se passe-t-il, capitaine ?

— Mon colonel, il y a quelque chose que je trouve inadmissible : on me demande de faire la guerre et des pilotes annoncent qu'ils vont bouffer ! Il y a quelque chose qui ne va pas, mon colonel ! Moi, mes gars sont sur le pied de guerre depuis trois jours. Et le jour où on a besoin de vous d'urgence, l'Armée de l'air va à la cantine !

Un silence. Le colonel s'est tassé dans son fauteuil. Il est effondré. Il se rend compte d'un seul coup que toute sa vie, il a travaillé pour faire face à une éventuelle menace de guerre. « Opérationnel », le qualificatif chéri des militaires, tinte inconsciemment dans ses oreilles. Or, la preuve est là, devant lui, sous la forme de ce capitaine de gendarmerie qui parle avec véhémence et qui gesticule : « Il n'est pas opérationnel. » Mais le colonel se ressaisit rapidement.

— Mon capitaine. Je suis tout à fait d'accord avec vous !

Il décroche son téléphone, compose un numéro, et d'une voix dure ordonne :

— Ramenez-moi les pilotes qui sont au mess immédiatement même par la peau des fesses !

À midi 30, le Transall C.160 décolle enfin. L'équipage n'a pas déjeuné. Les pilotes font un peu la gueule, mais finissent par comprendre qu'il ne s'agissait pas d'une mission de routine.

— Ah, mon capitaine, on savait pas que c'était vous ! dit le copilote à Prouteau.

— Mais la question n'est pas de savoir si c'est nous ou pas ! La mission prévoit un décollage à 11 heures. Vous n'êtes tout de même pas les seigneurs de la guerre. Votre estomac peut attendre une heure ou deux ! Nous, ça fait trois jours qu'on bouffe des sandwiches parce qu'on est en alerte. Et pas un seul de mes gars ne gueule, ce sont des soldats, ils trouvent ça normal !

Le copilote acquiesce de la tête et se replonge dans sa navigation. Il n'est pas prêt, lui non plus, d'oublier « le moral et le caractère particulièrement opérationnel des gendarmes du G.I.G.N. ».

À 14 h 45, le Transall se pose en Corse, sur la base d'Ajaccio. Il en débarque les vingt-trois hommes du G.I.G.N., une 305 radio banalisée,une 504 break gendarmerie, un camion Saviem qui transporte le matériel lourd, notamment les groupes électrogènes. Les gendarmes sont dirigés vers la caserne de Battesti.

— Mon capitaine, monsieur le Préfet veut vous voir tout de suite.

Vingt minutes plus tard, le capitaine arrive à la préfecture d'Ajaccio. Il sent, dans les regards des Corses de la préfecture, une certaine hostilité. Les cow-boys de la gendarmerie, avec leur tenue noire et leur revolver dans un étui de cuir, sont pourtant connus des Corses depuis les événements d'Aléria en 1975. Le G.I.G.N. avait simplement réalisé une mission d'appui sans intervenir directement.

— Je suis heureux de vous accueillir, capitaine, dit le préfet en souriant et en désignant un fauteuil de la main. Nous sommes dans une situation très délicate avec cette prise d'otages.

— Où en est-on, monsieur le Préfet ?

— Nous pensons qu'ils sont vingt-neuf.

— Vingt-trois gendarmes pour vingt, c'était déjà juste, monsieur le Préfet, mais maintenant, avec vingt-neuf hommes armés, cela prend une dimension qui nous désavantage.

— Je vous comprends, capitaine. L'ennuyeux, ajoute le préfet, c'est que nous n'avons guère de renseignements...

— L'essentiel pour moi est que je puisse faire ma reconnaissance afin que je sache à quoi m'en tenir. Mais rassurez-vous, je n'ai pas l'intention de la faire dans cette tenue !

Un quart d'heure plus tard, les capitaines Prouteau et Barril, du G.I.G.N., se mettent en « tenue discrète », c'est-à-dire en civil. À travers les rues d'Ajaccio où l'on commente avec passion « les événements », les deux officiers de gendarmerie se dirigent vers l'hôtel Fesch où des otages sont entre les mains de vingt-neuf hommes déterminés et bien armés. Première constatation : le bouclage est très étriqué. C.R.S. et gendarmes mobiles forment un cordon d'isolement en vue même des fenêtres de l'hôtel Fesch. Un hôtel situé dans la vieille ville historique d'Ajaccio, avec ses petites ruelles étroites qui dans d'autres circonstances sont l'un des fleurons de l'Île de Beauté.

Avec leur blue-jean et leur chemisette, les deux capitaines jouent les touristes curieux. Seul un observateur vigilant aurait remarqué leurs coups d'œil professionnels vers les toits. Ce que constatent les deux officiers n'est guère encourageant pour leur mission. Des centaines de badauds sont au contact des forces de l'ordre, à portée de fusil des fenêtres de l'hôtel Fesch. Sans arrêt, les barrages laissent passer des habitants qui exhibent une carte d'identité en expliquant « j'habite là ». Et oui, la vie continue malgré la prise d'otages.

Quant à l'hôtel Fesch, c'est une grande bâtisse dont la façade donne rue Fesch, mais dont l'arrière donne sur une multitude de cours intérieures, de jardinets, de toits qui s'imbriquent les uns dans les autres dans un touchant désordre architectural.

— Paul, faut aller jeter un coup d'œil sur les toits ! dit le capitaine Christian Prouteau au capitaine Paul Barril.

Les deux hommes sont des amis intimes et ont un grand respect mutuel.

— Ça m'a l'air d'être un véritable boulevard ! renchérit Paul. On peut pénétrer dans cet hôtel de tous les côtés.

— Et j'ai l'impression, note le capitaine Prouteau, qu'il n'y a pas un seul C.R.S. qui surveille les toits.

L'impression sera confirmée par la reconnaissance. Incroyable : personne, en effet, ne surveille les dizaines de toits où n'importe qui peut passer sans être pour autant acrobate, et où n'importe qui peut aussi jeter des tuiles, faciles à enlever, sur les cordons de C.R.S., quinze mètres en contrebas.

— Il y a une légère pagaille pour l'instant ! commente le capitaine Barril en redescendant...

— On va essayer d'avoir une meilleure vue d'ensemble. Je vais demander un hélicoptère.

À 17 h 25, l'alouette III de la gendarmerie décolle, alors que le soleil est proche de l'horizon. Les deux officiers découvrent l'hôtel Fesch dans son ensemble. Il est enchassé dans les maisons de la vieille ville. Un hôtel que l'on distingue parfaitement dans la lumière rasante du soleil couchant. Dans la partie centrale du grand bâtiment, les deux officiers découvrent, en plein milieu du toit, une cour intérieure d'environ quatre mètres de côté, une cour qui laisse passer des cheminées auxquelles on peut avoir accès par une porte qui donne directement dans cette petite cour. Le capitaine Barril prend plusieurs clichés au Polaroïd afin de pouvoir exploiter l'observation d'hélicoptère dès son atterrissage.

À 18 h 15, les deux officiers sont de retour à la préfecture. Dans une petite salle, plusieurs responsables des opérations sont là.

— Il me faut des renseignements pour trouver une voie d'accès directe à l'hôtel, demande le capitaine.

Et va se passer alors, une scène que le capitaine revivra plusieurs fois et qu'il connaît bien pour avoir vécu sept ans en Corse avec son père (le colonel de gendarmerie Prouteau, maintenant en retraite) : une multitude de renseignements contradictoires lui sont donnés par les responsables corses.

— Je sais qu'il y a deux ans, ma grand-mère me disait que l'on pouvait passer de ce bâtiment à celui-ci par les toits. Elle avait constaté cette possibilité parce qu'une fille était rejointe ainsi par son amoureux, dit l'un.

— Ah mais moi, je sais qu'il y a un souterrain qui part du café du coin et qui aboutit dans la cave de l'hôtel Fesch, ajoute un autre.

— Mais où commence votre souterrain ? demande Prouteau.

— Ah, on sait pas exactement. Nous, on vous donne le renseignement, hein, débrouillez-vous...

En fait de renseignements, le capitaine Prouteau ne dispose que de vagues « on-dit » parfaitement inexploitables.

18 h 25. Enfin, une information correcte, vérifiable, mais qui n'a rien à voir avec un éventuel itinéraire d'accès à l'hôtel Fesch : quatre otages ont été libérés ! Il n'en reste plus que huit aux mains des vingt-neuf hommes armés.

— Je voudrais voir les otages libérés, pour avoir des renseignements, demande le capitaine Prouteau au directeur de cabinet.

— Ah, c'est pas moi qui les ai.

— Qui c'est ?

— C'est la police.

Le capitaine Prouteau fonce au commissariat central où règne une activité de ruche percutée par un sabot d'apiculteur.

— Je voudrais voir les otages.

— Ah mais, c'est pas nous qui les avons...

— Qui c'est ?

— C'est le procureur !

Dix minutes plus tard, le capitaine est devant le procureur.

— Je voudrais voir les otages.

— Les otages ? Mais je ne les ai pas !

— Enfin, ce n'est pas possible, monsieur le Procureur. Ni la préfecture, ni la gendarmerie, ni la police, ni vous, ne les avez ! Ils doivent bien être quelque part !

— Ah mais, je les ai laissés rentrer chez eux !

— Mais enfin, monsieur le Procureur, c'est impensable ! Ces hommes disposent de renseignements qui peuvent être précieux pour le succès de ma mission. Nous devons libérer avec le minimum de risque et si possible sans casse pour personne les huit otages toujours détenus.

En fait, les quatre otages ont été libérés, on le saura plus tard, parce que certains membres de leurs familles connaissaient les familles de certains preneurs d'otages. Et par bouche à oreille, de cousinage en ami, un message du style : « Si tu libères pas mon cousin, je te fais la peau ! » a été transmis.

Moralité : tous ceux qui sont restés prisonniers dans l'hôtel Fesch étaient ceux qui n'avaient pas l'avantage d'avoir une famille corse…

À la préfecture règne une ambiance de conspiration. Chacun y va de son renseignement « absolument sûr ». Mais les phrases commencent toute par « on m'a dit » ou « j'ai entendu dire ». La situation, au lieu d'être analysée calmement à partir de renseignements sûrs, est dramatisée comme à plaisir.

— La poudre va parler.

— Ils iront jusqu'au bout.

C'est la raison pour laquelle le capitaine insiste auprès du procureur.

— Monsieur le Procureur, il faut que je vois ces otages.

— Mon capitaine, de toute façon il n'est pas question que vous interveniez pour l'instant. Et puis ce serait dangereux pour les otages, car on saurait qu'ils vous ont donné des renseignements et il y aurait des représailles…

Loin de se décourager, le capitaine traverse une nouvelle fois la préfecture. Il est 19 heures. Ajaccio la belle s'est parée de ses couleurs nocturnes. De toute l'île, les notables affluent : des maires, des conseillers municipaux… Dans les rues d'Ajaccio, une foule continue de stationner devant les barrages de C.R.S. Une bonne centaine de journalistes sont arrivés. Des flashes crépitent dans la nuit qui commence, des projecteurs de T.V. s'allument. La tension monte d'un cran.

Très en colère par ce qu'il constate depuis son arrivée, le capitaine Prouteau demande à être reçu d'urgence par le préfet.

— Monsieur le Préfet, je ne peux pas travailler dans de telles conditions. Il me faut des informations précises. Or je n'en ai pas. Il est absolument exclu que j'engage une opération si je ne sais rien. Personne ne veut rien me dire. On me répond simplement avec un sourire que l'on ne sait rien. Et quand par hasard quelqu'un prétend savoir quelque chose, c'est toujours dans le flou artistique le plus total !

— Mais que souhaitez-vous exactement, mon capitaine ? demande le préfet.

— Je veux pouvoir personnellement interroger, soit l'un des otages, soit l'un des employés de l'hôtel, ou un client habitué de l'établissement. Sinon, ma mission n'a pas de sens. Je serais alors obligé de téléphoner à Paris pour demander mon rapatriement. Je suis là pour travailler, pas pour le décor.

Surpris, le préfet interroge :

— Mais enfin, mon capitaine, on a quand même dû vous aider...

— Pas du tout, monsieur le Préfet ! Écoutez ! Ça fait près de quatre heures que je suis arrivé. J'aurais souhaité vous proposer un plan d'action précis. Or, malgré des efforts incessants, je n'en sais pas plus qu'à mon arrivée. Je connais « la rumeur », les bruits de couloir, c'est tout...

— Bon, dit le préfet, qui décroche son téléphone, attendez deux minutes.

À 19 h 30, tous les responsables des opérations sont dans son bureau. Et tous se font passer un « savon ».

— C'est inadmissible ! dit le préfet de sa voix glacée. Le commandant du G.I.G.N. m'informe qu'aucun d'entre vous n'a été en mesure de l'aider dans sa mission. Je veux que chacun d'entre vous l'aide à travailler pour le succès de l'opération.

Aussitôt, c'est un concert dc protestations de bonne volonté.

— Mais comment, mon capitaine ! Je ne comprends pas ! Depuis que vous êtes arrivé, nous faisons tout pour répondre à vos besoins ! dit un responsable de la préfecture.

— Ne tournons pas autour du pot ! répond le capitaine Prouteau gonflé à bloc. Vous nous dites que vous faites le nécessaire, moi je sais que ce n'est pas vrai. Maintenant, ce n'est pas la peine de discuter dans le vide, ce que je veux savoir, c'est :

1) la topographie exacte de l'hôtel ;

2) des renseignements précis sur les maisons voisines de l'hôtel et leur accès. Éventuellement, des clefs pour ouvrir des portes ;

3) interroger les otages libérés ;

4) interroger le personnel de l'hôtel pour obtenir des renseignements complémentaires précis.

— Mais bien sûr, mon capitaine ! disent en chœur les responsables.

— En tous cas, monsieur le Préfet, je crois que c'est net. J'ai posé des questions simples. Il me faut des réponses précises, rapidement.

20 h 30. Rien. Le capitaine croise l'un des responsables.

— Alors ?

— On s'en occupe, mon capitaine... et le responsable continue son chemin d'un air très affairé.

La préfecture est devenue un hall de grande gare à une heure de pointe. Officiers C.R.S., officiers de gendarmerie, notables corses, journalistes, secrétaires se croisent dans un brouhaha pagailleur qui s'accroît avec la nuit... La nervosité est manifeste dans tout Ajaccio où l'on s'attend « à des événements ».

20 h 40, une nouvelle fois le capitaine est dans le bureau du préfet.

— Alors, mon capitaine ?

— Alors, rien, monsieur le Préfet. Je n'ai toujours aucun des renseignements que j'ai demandés. Il est trop tard pour monter une opération cette nuit. Je tenais à vous en aviser.

Le préfet paraît presque soulagé. Sans doute considère-t-il que ce nouveau délai lui permettra de résoudre l'affaire de la prise d'otages par la négociation. Car cette négociation se poursuit « à la corse ». Chacun connaît quelqu'un qui a un parent qui connaît le frère, la mère ou le cousin de l'un des preneurs d'otages. Chacun des fonctionnaires corses a la certitude absolue qu'il va ainsi résoudre la situation.

21 h 30. Les vingt-deux gendarmes et les deux officiers du G.I.G.N. rejoignent leur hôtel. Le capitaine Prouteau sait que ses hommes sont fatigués par les trois jours d'alerte. Trois jours pendant lesquels, à Maisons-Alfort, ils ont dormi tout habillés, se nourrissant d'un sandwich à chaque repas pour rester près du téléphone et foncer sans perdre de temps dès que l'ordre d'intervention serait donné.

— Bon, les gars nous ne pouvons pas intervenir cette nuit. Vous avez tous besoin de récupérer pour être en forme demain. Alors détendez-vous et reposez-vous bien après le dîner qu'on va vous servir.

Il n'y a pas cinq minutes que les hommes se sont installés autour des tables que le téléphone de l'hôtel sonne.

— Mon capitaine, c'est pour vous !

Et c'est ainsi que le capitaine Prouteau apprendra qu'un C.R.S. vient d'être abattu à un barrage routier, dans Ajaccio et que la ville est en effervescence.

Nouveau coup de téléphone de la préfecture.

— Le préfet veut vous voir d'urgence !

Les deux officiers sortent en vitesse, foncent vers une voiture radio de la gendarmerie qui est au pied de leur hôtel, situé près des îles sanguinaires à 8 kilomètres d'Ajaccio.

— On doit aller à la préfecture. Quelle est la situation ?

— Avec un geste d'impuissance, un sous-officier désigne un haut-parleur qui grésille. Il augmente le volume sonore. Et stupéfaits, les deux officiers du G.I.G.N. entendent de multiples messages angoissés, passés d'une voix excitée.

— Attention ici point Alpha. On nous tire dessus.

— Une voiture vient d'ouvrir le feu sur le barrage Kilo Charlie. Nous avons des blessés !

— Ici le point delta Sierra. Je demande des renforts. On nous canarde.

— C'est l'émeute ou quoi ? demande Prouteau au radio.

— Oh la la ! mon capitaine, il y a des coups de feu, partout.

C'est terrible. On n'est pas maître de la situation. Il y a au moins trois C.R.S. tués, peut-être quatre.

— Comment ça s'est passé ? demande Prouteau au gendarme.

— Une voiture s'est approchée d'un barrage de C.R.S. Elle a ouvert le feu à la mitraillette...

— On a gaulé les gars ?

— Pas du tout, mon capitaine, ils ont réussi à faire demi-tour et à s'enfuir !

— Je n'y comprends rien, dit Prouteau à Barril. Avec la densité de flics au mètre carré, on aurait dû arrêter les gars !

Les deux officiers sautent dans la méhari radio que la gendarmerie a mise à leur disposition en plus de leurs véhicules transportés par avion. Ils foncent vers Ajaccio qu'ils s'attendent à découvrir à feu et à sang. Mais, surprise, la ville est loin de donner l'image d'émeute et de tirs tous azimuts que la radio laissait imaginer. Partout de petits groupes de vingt à trente personnes. Et près du barrage où a éclaté la fusillade, moins de deux cents personnes. Malgré tout, les officiers, pris eux aussi par l'ambiance de la radio, s'attendent à se faire prendre à partie à tout moment.

— Paul, dit le capitaine Prouteau, surveille à droite, moi je veille à gauche.

Le capitaine Barril a discrètement sorti son revolver 357 magnum qu'il a glissé sur ses genoux. Tandis que la méhari roule vers la préfecture, les deux officiers croisent des barrages de C.R.S. et gendarmes manifestement nerveux. Eux aussi ont subi le matraquage psychologique des fausses nouvelles par leur radio. Car les messages dramatisent à plaisir une situation qui n'a guère besoin de l'être. La place du Diamant est traversée à petite vitesse par les deux officiers. Une place assez calme et où discutent des petits groupes de civils, environ une quarantaine.

À la préfecture, c'est le summum du cafouillage. La ruche désordonnée du début de soirée est devenue encore plus frénétiquement agitée. Des hommes courent dans tous les sens, crient, s'interpellent.

— Qu'est-ce qui s'est passé ? demande Prouteau à un responsable.

— Ah ben, on est en train de préciser l'information !

Il est 22 h 15. Il y a plus de trois quarts d'heure que le C.R.S. a été abattu et à la préfecture on ne sait toujours rien de précis, sinon « trois ou quatre C.R.S. tués à l'arme automatique ».

À 22 h 20, le capitaine Prouteau est reçu par le préfet.

— C'est insensé, monsieur le Préfet, il y a presque une heure que la fusillade a eu lieu et l'on ne sait rien !

— Ce n'est pas faute d'essayer ! répond le préfet d'un ton un peu désabusé.

— Mais il faut que nous sachions. Il faut poser des questions : qui a tué, où, comment ?

— Je vais redonner des instructions.

À 22 h 30, un renseignement vient répondre aux questions posées par radio :

— Un C.R.S. a été tué, trois autres grièvement blessés.

Dans le P.C.-radio gendarme et dans le P.C.-radio C.R.S., on sent bien à la radio que toutes les forces de l'ordre sont énervées. La psychose du « Corse qui tire sur les forces de l'ordre » se développe. Un pot d'échappement qui claque devient « une rafale d'arme automatique » lancée d'une voix angoissée à la radio. Cela ajoute encore à la tension des forces de l'ordre qui commencent à voir un tireur potentiel dans chaque Corse. De plus, aucun plan d'ensemble, aucun quadrillage de la ville, aucune coordination n'ont été établis.

— Monsieur le Préfet, il serait bon de quadriller la ville ! Nous avons croisé des groupes suspects qu'il serait souhaitable de contrôler...

Le directeur de cabinet entre alors en coup de vent.

— Monsieur le Préfet, nous avons des précisions sur le meurtre du C.R.S. L'homme qui a tiré était à pied et non en voiture. Il a tiré au pistolet automatique, pas à la mitraillette. Il a légèrement blessé un deuxième C.R.S. et non grièvement trois policiers. Il s'est enfui à pied et a disparu dans la foule...

— Monsieur le Préfet, intervient le capitaine Prouteau, cela renforce ma demande. Il y a des groupes suspects qui se promènent en ville. Il faut faire des contrôles d'identité.

— Vous avez raison, Capitaine, dit le préfet qui donne immédiatement des ordres en conséquence : Faites des interpellations sur tous les groupes que vous rencontrez !

En vingt minutes, on signale que les patrouilles ont découvert deux armes sur des suspects interpellés. Mais ce ne sont pas les armes qui ont tiré. La ruche préfectorale continue à vivre l'excitation d'une folle nuit. Au pied de l'escalier qui mène au bureau du préfet, le capitaine Prouteau rencontre Charles Pellegrini, le patron de l'O.C.R.B. (Office central de répression du banditisme) descendu lui aussi spécialement de Paris avec une vingtaine d'hommes. Ils ont loué des voitures et sont armés de pistolets mitrailleurs UZI.

— Où en es-tu, demande Prouteau ?

— Je reviens du barrage où le C.R.S. a été tué.

— Tu as des précisions sur le meurtrier ?

— Oui, c'est un type d'une trentaine d'années qui était accompagné d'une fille blonde de 1,60 m avec, paraît-il, un sweat shirt blanc assez « cradingue » et un blue jean.

— Mais je l'ai vue cette fille ! réplique aussitôt Prouteau qui se retourne vers Barril. Souviens-toi, Paul, tout à l'heure, dans la méhari, quand nous sommes passés devant la préfecture, le groupe était à notre gauche ! Y'avait bien une petite blonde en Lewis ?

— Effectivement ! acquiesce le capitaine Barril.

— Tu es sûr ? demande le commissaire Pellegrini.

— Absolument ! répond Prouteau. Envoie tes gars derrière, ils vont tomber sur le groupe de la blonde.

Effectivement, un quart d'heure plus tard, la blonde est arrêtée et amenée brutalement dans les locaux de la P.J.

— On va te faire la peau, salope ! Où est le type qui était avec toi et qui a tué un policier ?

Les deux officiers de gendarmerie sont inquiets, foncent vers le commissaire Pellegrini qui est dans un autre bureau, lui expliquent la situation.

— Charles, tout le monde est énervé, viens voir.

— Tu as raison, admet le commissaire de l'O.C.R.B., je vais leur parler. On va donner la fille à Franquet (responsable de la P.J. d'Ajaccio).

À l'entrée de leur patron, les policiers arrêtent de secouer la jeune blonde. Des policiers désemparés par une situation qui fuit entre leurs mains, une situation dans laquelle le sang de l'un d'entre eux a coulé.

— Mais je ne comprends pas ! demande Prouteau face au silence de la salle ponctué par les sanglots de la jeune fille. Vous n'avez interpellé que cette personne alors qu'il y avait un groupe d'hommes avec elle ?

— On ne les a pas vus ! répond l'un des inspecteurs.

— Pourtant, je suis sûr qu'ils ne sont pas loin. Il y avait un groupe vers le haut de la place du Diamant (face à la préfecture) ils ne doivent pas être loin !

— Allez, on fonce ! dit le commissaire Pellegrini et, se retournant vers le capitaine Barril :

— Paul, viens avec nous...

Une douzaine d'inspecteurs de l'O.C.R.B. sautent dans des R.20 de location, foncent à toute vitesse dans la direction indiquée par le capitaine Prouteau, parti prévenir le préfet. Un groupe est bien là, discutant dans la lumière d'un réverbère. Les quatre voitures pilent dans un hurlement de pneus, des portières s'ouvrent à la volée, mitraillette à la main, chargeur engagé, culasse tirée en arrière, les policiers sautent sur le trottoir, braquent le groupe de Corses stupéfaits. Plaqués contre le mur, fouillés sans ménagement, tutoyés — « tes papiers » —. Les « promeneurs » sont terrorisés. À dix mètres de là, un autre petit groupe, voyant cette scène, prend peur, se met à courir dans le sens opposé. Une R. 20 blanche fait brusquement demi-tour et s'engage dans la rue qui rejoint le remblai. Un inspecteur de l'O.C.R.B. tire un coup de pistolet en l'air pour sommer la conductrice de s'arrêter. Mais la R. 20 bondit vers la sortie du dispositif policier, sans obéir aux sommations.

Un jeune inspecteur stagiaire, à bout de nerf, lâche une longue rafale sans sommation sur le véhicule. Deux passagers sont touchés dans la pluie de balles. Une femme baigne dans son sang. Morte. Une autre est grièvement blessée. Un troisième est plus légèrement atteint.

Il est 23 h 20. C'est une nouvelle catastrophe.

Depuis la préfecture, on a entendu la rafale. Le capitaine Prouteau descend au moment où arrive le commissaire Pellegrini. Il est livide. Il raconte « la bavure » et conclut :

— Christian, c'est foutu. Tout est foutu. Tu peux pas savoir... large geste d'impuissance.

— Tes hommes n'auraient pas dû avoir de mitraillettes. Qu'est-ce qu'ils en avaient à foutre, de leurs UZI ! Un pétard aurait largement suffi et il n'y aurait pas trois civils au tapis.

Dans la salle radio, les haut-parleurs crépitent de plus belle.

— Des inconnus ont tiré sur l'O.C.R.B., l'O.C.R.B. a riposté. Il y a plusieurs morts.

Radio-cancans fait encore monter d'un cran la tension de la nuit parmi les forces de l'ordre, encore plus convaincues que tous les Corses sont armés et veulent leur faire la peau. La situation est très grave. Le capitaine Prouteau s'entretient avec le préfet lorsqu'à 23 h 30, nouvelle catastrophe : un jeune conducteur a été tué à un barrage de gendarmerie. Il semble qu'il y ait eu une confusion, le conducteur ayant compris le geste d'un premier gendarme comme un feu vert pour franchir le barrage, alors que celui-ci lui indiquait d'aller au deuxième point de ce barrage pour un contrôle d'identité. Dans la nuit, un gendarme épaule son fusil, tire, le jeune conducteur qui venait d'avoir son permis sera tué sur le coup.

Où cela va-t-il s'arrêter ! Maintenant tout est possible. Face à des forces de l'ordre qui sont prêtes à tirer, la population d'Ajaccio a, elle aussi, les nerfs à fleur de peau. Deux personnes ont été abattues, deux autres sont blessées dans des circonstances que rien ne justifie.

— Il faut absolument calmer les unités ! dit le capitaine Prouteau au préfet. Il faut donner l'ordre aux commandants d'unités de reprendre en main leur personnel et surtout de faire le silence radio, de ne plus parler de coups de feu, de rafale, de morts ou de blessés. Une seule consigne : n'ouvrir le feu que si l'on est pris soi-même à partie.

— Je suis tout à fait de votre avis, dit le préfet qui descend à la salle radio et donne des ordres en conséquence à des officiers de police et de gendarmerie débordés par la multiplicité des messages...

À minuit trente, il y a déjà un mieux sensible. La radio est presque muette, ne passant que des précisions sur l'évolution de la position des différents barrages. Aucun nouveau coup de feu n'est signalé.

À 1 h 30, le calme était complètement revenu dans Ajaccio, les officiers du G.I.G.N. demandent au préfet la permission d'aller dormir. Car ils savent bien que cette fois, en ce jeudi 10 janvier 1980, dont ils vivent les premières minutes, ils devront donner l'assaut à l'hôtel Fesch où huit otages sont toujours entre les mains de vingt-neuf hommes armés.

L'hôtel des Calanques est un grand hôtel situé à huit kilomètres d'Ajaccio. En ce mois de janvier 1980, il était fermé. Il a été réquisitionné pour loger non seulement les gendarmes du G.I.G.N., mais d'autres unités de gendarmerie mobile arrivées en renfort. Les chambres sont emplies d'un air froid et il ne fait guère bon se glisser sous les draps humides. Les deux officiers se recroquevillent dans un geste millénaire pour conserver un peu de chaleur et s'endorment d'une masse, les rêves peuplés des toits d'Ajaccio.

À 7 h 30, un pâle soleil tente de surgir par-dessus l'horizon. L'air est d'une étrange transparence. À cent mètres, une mer d'un vert translucide vient mollement caresser la falaise. Quelques mouettes poursuivent un chalutier qui rentre au port. Un léger vent doux commence à réchauffer la nature. Cette nuit, il a fait froid. Mais l'offensive du soleil d'hiver va tout effacer. Dans ce paysage de carte postale, une tache de couleur insolite : un long trait bleu foncé : celui des cars de gardes mobiles, pare-choc contre pare-choc.

Dans la salle à manger, les vingt-cinq hommes et officiers du G.I.G.N. contemplent à travers les vitres cette incitation aux vacances. Ils achèvent de prendre leur petit déjeuner dans une ambiance détendue. Pour la première fois depuis quatre jours, les hommes ont pu dormir huit heures, et les deux capitaines, cinq.

À 8 heures, les capitaines Prouteau et Barril sont à nouveau dans la préfecture. La nuit n'a guère porté conseil. Des hommes barbus, au visage fatigué, mais l'esprit toujours en éveil, continuent à commenter les événements de la nuit. Avec passion.

— Ici, dira un officier de gendarmerie qui connaît bien les Corses, on prononce une phrase historique toutes les heures !

Une manifestation de protestations après les deux morts civils de la nuit est prévue pour l'après-midi. Nul doute que les Corses preneurs d'otages retranchés dans l'hôtel Fesch se sentiront ainsi renforcés dans leur action. La situation du G.I.G.N. est très aggravée.

— L'intervention que nous pratiquerons ce soir sera très dure à réussir, monsieur le Préfet, explique le capitaine Prouteau. Je crains que nous ne revenions pas tous et que nous ne ramenions pas intacts l'ensemble des otages et de leurs geôliers.

— Je comprends, répond gravement le préfet.

— Cependant, vous pouvez grandement nous aider, monsieur le Préfet.

— Volontiers, si c'est en mon pouvoir...

— Tout à fait. Il serait souhaitable que vous fassiez courir le bruit que le gouvernement va céder par mesure d'apaisement après les violences d'hier soir. Je veux que seules les autorités de gendarmerie et vous-même, soyez au courant de l'intervention du G.I.G.N. Ici, on parle trop et tout le monde sait tout très vite. Vous savez, je connais ce pays, j'y ai vécu sept ans avec mon colonel de père...

— C'est d'accord, acquiesce le préfet. Mais pour les renseignements que vous m'avez demandés hier soir...

— Je n'ai toujours pas de réponse, monsieur le Préfet. Mais j'ai décidé de me débrouiller seul avec mon adjoint, le capitaine Barril.

10 h. Le capitaine demande au lieutenant-colonel Caradec que ce soit la gendarmerie qui tienne le poste Est.

L'ordre est exécuté rapidement.

10 h 15. Les gendarmes locaux ont prêté deux motos aux deux capitaines qui se sont une nouvelle fois mis en civil. Grâce à ces deux-roues, ils vont pouvoir circuler facilement dans Ajaccio encombrée par de multiples voitures, attroupements et barrages.

Première visite : la brigade de gendarmerie pour demander que le G.I.G.N. soit prévenu en priorité en cas de nouvelle libération d'otages.

Ensuite, les deux officiers tournent dans le quartier de l'hôtel Fesch, repérant la hauteur des toits, pour une éventuelle progression la nuit prochaine. Ils constatent qu'à 11 h 30, les C.R.S. qui gardent le côté nord sont relevés par des gendarmes, comme ils l'avaient souhaité. Les gendarmes mobiles viennent du continent et les deux officiers du G.I.G.N. sont ainsi sûrs qu'ils ne feront pas attention au passage d'une autre unité de gendarmerie.

D'autre part, l'escadron parachutiste de gendarmerie mobile

de Mont-de-Marsan a été mis en appui près de l'hôtel Fesch, ainsi que le capitaine Prouteau l'avait demandé.

En fin de matinée, chaque officier ayant travaillé à la recherche du renseignement, le bilan commence à être positif. Le plan de l'hôtel remis à l'Équipement en 1974 a été récupéré. Les modifications apportées depuis sont peu à peu répertoriées. On connait la position des interrupteurs, on connait le sens d'ouverture des portes, les passages où il y a de la moquette...

À 11 h 45, les capitaines Prouteau et Barril se retrouvent cours Napoléon. Ils déposent leurs motos contre le trottoir, et toujours en civil, grimpent dans un bâtiment. Il s'agit de mettre au point un itinéraire d'accès au toit de l'hôtel Fesch à partir des immeubles voisins. Les deux officiers arrivent au dernier étage, commencent à essayer d'ouvrir une porte qui doit donner dans un grenier, lorsqu'à trois mètres d'eux, une autre porte s'ouvre ! Une petite vieille surgit. En un clin d'œil, elle a compris qu'il ne s'agissait ni de Corses, ni de cambrioleurs. Elle s'approche avec un air de conspiratrice face aux deux officiers médusés :

— Ah la la, c'est pas ça la Corse, vous savez ! Moi je puis vous le dire ! Moi je suis Française ! On est tous Français ! Y a des petits jeunes, bien sûr, ils veulent faire parler d'eux. Dans le fond, ils ne sont pas bien méchants. Vous êtes quand même gentils de rester calmes. Ah, ces événements dramatiques de la nuit ! C'est toujours pareil avec leurs armes...

Et avec une grande lucidité, la petite grand-mère corse continue son analyse de la situation.

— Ils ont bien du mérite, allez, ces policiers et ces gendarmes, à rester sans bouger, là, alors qu'à tout moment on peut leur tirer dessus. Je comprends qu'ils s'énervent... Il faudrait que tout le monde y mette du sien, que tout le monde soit raisonnable. Mais que voulez-vous, quand on est jeune, on écoute pas les vieux qui réfléchissent comme moi...

Plus détendus, les deux officiers acquiescent poliment tout en ayant des fourmis dans les jambes...

— Ne bougez pas, je reviens de suite, dit la sympathique grand-mère qui disparaît derrière la porte de son petit appartement en trottinant comme une souris. Une minute plus tard, face à deux paires d'yeux interrogateurs, voici qu'elle réapparaît en tenant un sac rempli... de mandarines.

— Allez, mangez !

— Mais non ! On ne peut pas ! Il faut qu'on s'en aille ! dit le capitaine Prouteau.

— Oui ! renchérit le capitaine Barril. Il faut qu'on rejoigne les autres !...

— Ah oui ! vos camarades, là, en bas ! Attendez !

Même manège de la grand-mère qui revient avec un plein sac de mandarines et de biscuits à champagne !

— Tenez, c'est pour vos camarades ! Allez, mangez vous aussi !

Très touchés par la générosité de cette Corse manifestement très modeste, les deux officiers pèlent chacun une mandarine, pendant que la grand-mère continue d'analyser les actes de certains Corses dont elle réprouve la conduite avec indulgence.

Les deux officiers redescendent. Finalement, la grand-mère leur a montré que le grenier ne permettait pas l'accès au toit. Pour les officiers du G.I.G.N., il faut absolument trouver un chemin d'accès. Le succès de la mission de ce soir en dépend. Les deux gendarmes décident alors d'essayer un itinéraire très court. Celui qui part de la maison qui jouxte l'hôtel Fesch. L'hôtel et cette maison forment l'angle d'une rue. Les deux toits ont un point commun qui permet le passage. Encore faut-il accéder au toit... Voici les deux hommes au dernier étage de l'immeuble. Il est midi. Là encore, une porte s'ouvre, une femme apparaît, l'œil interrogateur.

— Madame, il y a une fumée suspecte sur le toit de votre immeuble. Savez-vous comment nous pouvons y accéder ? improvise le capitaine Prouteau.

— Ah non, messieurs ! Je suis nouvelle dans l'immeuble. C'est grave, cette histoire de fumée ?

— Non, non ! rassurent ensemble les deux officiers en civil, mais il faut quand même aller voir !

— Eh bien, bon courage !

Et la femme referme sa porte. Face aux deux officiers, la porte d'accès au grenier. Elle est fermée par un cadenas.

— T'as pas un trombone, Paul ?

— Si ! dit le capitaine Barril qui met la main dans sa poche.

En un tournemain, le trombone est tordu, enfoncé dans la serrure du cadenas qui cède au bout d'une minute d'efforts. La porte du grenier s'ouvre. Avec un sourire, le capitaine Prouteau fait remarquer :

— Tu te rends compte, Paul, que nous sommes dans l'illégalité la plus complète ! On a forcé un cadenas ! mais si c'est la seule bavure de notre mission, j'ai l'impression qu'il nous sera beaucoup pardonné !

— Merde ! dit le capitaine Barril, encore une porte cadenassée !

— Allons-y, dit le capitaine Prouteau qui a déjà le trombone à la main.

Cette fois, les deux officiers sont directement sous le toit. Ils découvrent une lucarne. À travers elle, ils observent l'hôtel Fesch dont la première fenêtre est à moins de quatre mètres de leur observatoire. C'est l'idéal. Ils tendent l'oreille. Le bruit d'une porte que l'on ferme leur parvient, assourdi, à travers les murs. Dans l'hôtel Fesch, les autonomistes ne sont pas inactifs et continuent leur surveillance tous azimuts.

— Il faut monter par ce toit, ce soir ! dit Prouteau.

— Tu te rends pas compte, ça va faire un barouf du diable si on retire les tuiles.

— Ouais, mais on va les retirer sur la pente du toit opposée à l'hôtel Fesch, c'est-à-dire côté rue.

— Bon, si tu veux.

Tuile par tuile, les deux hommes vont découper une petite ouverture. Pas de problème.

— On continuera l'ouverture cette nuit quand personne ne pourra nous voir. Allez, on redescend.

Prenant bien soin de fermer les deux portes derrière eux, les deux officiers du G.I.G.N. se retrouvent dans la rue où ils récupèrent leurs motos.

À 13 h 30, après un rapide déjeuner « sur le pouce », l'ensemble des gendarmes du G.I.G.N. est réuni dans une salle de cours prêtée par la préfecture.

— Voilà comment j'ai l'intention de réaliser l'opération. Je vous préviens tout de suite, ce ne sera pas facile. Une première équipe avec le capitaine Barril pénètrera par l'entrée de l'hôtel et gazera au CB, sur ordre. Une deuxième équipe avec moi pénètrera par les toits. Chaque équipe progressera de palier en palier. À chaque étage, une équipe prendra chaque couloir en enfilade sans fouiller les chambres. Si les autonomistes sont répartis sur plusieurs étages, ils seront donc isolés progressivement les uns des autres. Et des hommes isolés sont évidemment plus vulnérables. Nous descendrons étage par étage jusqu'à ce que nous ayons le contact.

— Et s'ils tirent, mon capitaine ?

— Vous ne répondez pas, sauf si votre vie est en danger. Dans ce cas, vous les blessez d'une balle à l'épaule. Entendons-nous bien, le capitaine Barril ne neutralisera l'escalier au CB qu'en cas de contact. La cage d'escalier fait cheminée. Le gaz montera. Chacun d'entre nous sera équipé d'un masque protecteur. Donc pas de problème de ce côté-là.

— Et pour la mise en place, mon capitaine ? On est vingt-trois gendarmes, plus vous deux, ça fait vingt-cinq. On ne va pas passer inaperçus !

— J'ai une idée, avance le capitaine Barril. Nous allons vider notre camion Saviem de son matériel. Et nous nous entasserons à l'intérieur.

— Excellente idée ! approuve le capitaine Prouteau.

Les rôles et les équipes sont distribués. Chaque chef d'équipe dispose d'un amplificateur de brillance (jumelles qui permettent de voir la nuit) et de grenades lacrymogènes.

Chacun prend son masque panoramique. Le capitaine prend son faisceau laser qui permet d'éclairer une pièce dans le noir sans que quelqu'un qui s'y cache ne se rende compte de quoi que ce soit.

Sur un plan général, chacun des capitaines explique les missions. Chaque homme a un plan du niveau de l'hôtel où il devra intervenir. Tour à tour, chaque gendarme ferme les yeux et décrit son objectif.

— À gauche une porte, l'interrupteur à droite à un mètre du sol, une double porte avec ressorts barre le couloir, il y a de la moquette... Je fais trois mètres et à droite une nouvelle porte : ce sont les toilettes.

Chacun répète à haute voix jusqu'à ce que tout soit parfait. Les noms de code sont distribués. Écho 6 pour l'équipe du 6e étage, Écho 5 pour celle du 5e, etc. La simplicité est toujours le gage du succès. Le silence radio est obligatoire jusqu'à la mise en place définitive. Pendant le trajet, les gendarmes parleront par gestes.

15 h 30 : les équipements d'assaut sont vérifiés.

16 h : le préfet est averti : le G.I.G.N. est prêt à assurer sa mission. L'assaut sera donné vers deux heures du matin, s'il a le feu vert de monsieur le préfet.

16 h 30 : un autonomiste se rend. Le téléphone corse, là encore, a fonctionné. On a fait savoir à Lorenzoni que s'il ne laissait pas cet homme quitter la prise d'otages, il y aurait des représailles. Comme sa présence n'est pas essentielle au succès de la mission, le chef des autonomistes retranchés dans l'hôtel le laisse partir. Immédiatement le capitaine Prouteau envoie Barril récupérer l'homme à la préfecture avant que les policiers ne le prennent en charge. Le jeune capitaine saute sur sa moto et réussit à interroger le premier l'autonomiste repenti. Il apprend ainsi que ceux qui sont restés dans l'hôtel sont déterminés, mais pas tous — une dizaine seulement — qu'ils sont en fait trente-neuf — et non vingt-neuf — qu'ils sont presque tous armés — beaucoup de fusils à pompe — et qu'ils regardent tous le journal télé à 20 h. en bas dans le hall

d'entrée ! Le capitaine Barril apprend encore que certains des autonomistes dorment dans des chambres, que la plupart restent au rez-de-chaussée et que tous pensent qu'il va y avoir une intervention.

— Une majorité se rendra, mon capitaine ! Mais il y a nos jeunes qui sont très excités et qui voudront montrer aux anciens ce dont ils sont capables face aux gendarmes. Ils n'hésiteront pas à tirer !

À 17 h 30, une ultime répétition est faite par les vingt-cinq gendarmes. Le personnel est vraiment très déterminé, conscient de l'importance de sa mission et de sa difficulté.

20 h 15 : le préfet donne le feu vert pour l'intervention.

Afin de ne pas donner l'éveil, le capitaine Prouteau renonce à prévenir l'hôpital d'Ajaccio de se tenir en alerte. En revanche, il mobilise directement un médecin et une équipe sanitaire de la gendarmerie, au cas où...

20 h 30. Le capitaine Prouteau et le chef R... montent sur la moto et se dirigent vers le bâtiment qui jouxte l'hôtel Fesch, celui-là même où ils ont forcé deux cadenas avec un trombone. Il s'agit d'ouvrir une brèche dans les tuiles du toit pour permettre le passage de l'équipe Prouteau... Les deux gendarmes en civil sur leur moto franchissent les barrages en montrant discrètement leurs cartes tricolores. Les voici face à la porte du grenier. Le cadenas est évidemment resté ouvert. La porte est poussée, refermée par le chef R... afin qu'un locataire ne soit pas surpris de la voie ouverte. Le capitaine Prouteau allume une lampe quelques secondes. Avec toujours le sentiment angoissant que quelqu'un est tapi dans le noir, qu'il est armé, qu'il les guette, qu'il va tirer... Mais rien ne se produit. Les deux gendarmes franchissent la seconde porte, se retrouvent sous les tuiles. L'officier sort de sa poche une petite scie et il commence à couper les lintaux en bois qui supportent chaque rangée de tuiles entre deux poutres. Avec d'infinies précautions, le capitaine Prouteau scie un à un les lintaux. Juste en dessous d'eux, les deux gendarmes entendent des bruits de

vaisselle et des discussions. Il y a un appartement habité. Il ne s'agit pas de se faire repérer.

20 h 20. Travail terminé. Les tuiles ont été déposées sur le plancher du grenier. Un carré de 30 centimètres de côté se découpe dans la nuit. C'est par là que la deuxième équipe du G.I.G.N. passera tout à l'heure pour rejoindre le toit de l'hôtel Fesch, situé à quatre mètres sur l'autre versant.

— Allez, on remet les tuiles en place !

— Mais pourquoi, mon capitaine ? On risque de faire du bruit et il faudra les enlever encore tout à l'heure...

— On les remet ! dit Prouteau, mû par un pressentiment. Peut-être que de loin on voit le trou dans le toit...

20 h 35. Les deux hommes sont à nouveau dans la rue. Le capitaine Prouteau rencontre un camarade de promotion, le capitaine G... qui est responsable du bouclage gendarmerie côté est.

— Tout va bien ? demande le capitaine Prouteau.

— Eh bien, figure-toi que l'on circule pas mal par les toits. Cet après-midi, vers 18h, on a vu un type passer sur le toit.

— Comment ça ?

— Il est arrivé d'un bâtiment voisin.

— Lequel ?

— Celui-là ! et le capitaine G... désigne un bâtiment qui surplombe de quatre mètres le toit dans lequel ils viennent de pratiquer un passage !

— Mais par où passent-ils ?

— Dans le mur qui surplombe le toit en question ! Il y a une sorte de porte-fenêtre. Au pied de cette porte, une échelle permet de rejoindre le toit dans lequel vous venez de pratiquer un passage.

— Bon. Il faut que je voie ça de plus près.

— On vient avec toi !

Trois minutes plus tard, les deux capitaines sont au sixième étage d'un immeuble d'où ils ont une vue directe sur le toit du bâtiment coincé entre l'hôtel Fesch et un deuxième bâtiment qui le surplombe. Le capitaine Prouteau découvre alors la porte et l'échelle qui permet de descendre sur « son toit ». Il n'y a pas une minute que les gendarmes observent, quand tout à coup, malgré la nuit, ils voient distinctement la porte-fenêtre s'ouvrir. Une ombre descend l'échelle avec précaution, arrive sur le toit où le G.I.G.N. a pratiqué l'ouverture (fort heureusement rebouchée après le pressentiment justifié du capitaine) traverse le faîte du toit sur une quinzaine de mètres, arrive sur celui de l'hôtel Fesch et disparaît dans la minuscule cour que le capitaine Prouteau a déjà repérée. Une cour qui se découpe dans le toit de l'hôtel Fesch et dans laquelle une porte permet le passage.

— Mais c'est un véritable boulevard ce toit ! commente Prouteau.

— Qu'est-ce que tu décides ? demande le capitaine G...

— C'est embêtant parce que ce soir, on risque d'être nez à nez avec un « gus ». Attends que je réfléchisse...

21 h 05. Cinq minutes après avoir disparu dans la minuscule cour, voici que la silhouette revient par où elle était arrivée. L'homme remonte sur le toit de l'hôtel. Il va donc transiter à nouveau par celui où le G.I.G.N. a pratiqué une ouverture, arriver au pied de l'échelle, la monter, pousser la porte-fenêtre et disparaître !

Malgré l'obscurité, le capitaine Prouteau distingue très bien l'inconnu. Il mesure environ 1,80 m, il est barbu, il est vêtu d'un blouson et d'un pantalon genre lewis à patte d'éléphant.

— Il faut absolument qu'on mette la main sur ce type ! réagit Prouteau. Toi, tu vas essayer de le coincer sur le cours Napoléon. C'est la seule possibilité de fuite pour lui. Moi je remonte dans le bâtiment, sous « mon toit », pour lui couper la retraite s'il se doutait de quelque chose. Allez, on fonce !

Dévalant quatre à quatre les escaliers d'un immeuble qui fait face à l'hôtel Fesch, les trois gendarmes foncent vers leur mission...

Le capitaine Prouteau et le chef R... arrivent sous le toit au moment où l'homme marche sur les tuiles. En soulevant doucement l'une de celles-ci, le capitaine Prouteau voit la silhouette monter l'échelle, disparaître par la porte-fenêtre qui est repoussée, sans être refermée. Le capitaine note ce détail dans sa mémoire, mais n'en a pas encore compris l'importance qu'il découvrira plus tard.

— Prouteau, Prouteau !

Une voix étouffée monte de la rue d'où l'on n'entend le moindre bruit. C'est le capitaine G... qui a réussi son arrestation.

— Bon Dieu ! que sont-ils en train de préparer ? se demande Prouteau tandis qu'il redescend les escaliers, suivi du chef R...

L'homme est là, assis sur une chaise, dans un command-car de la gendarmerie. Le capitaine Prouteau le reconnait tout de suite. Le suspect a un léger sourire aux lèvres. Il est décontracté et même goguenard...

— Qu'est-ce que c'est que ce foutu pays où on arrête les gens qui se promènent ! dit-il.

— Se promener sur les toits la nuit, curieuse occupation ! Faut pas se foutre de moi !

— Ah, tout de suite les grands mots ! Allez-y, passez-moi à tabac !

— Si tu savais comme ça me démange de te foutre une toise ! dit Prouteau... mais de toute façons j'en viendrai pas là. Ce qui se passe est trop grave. Il y a une chose dont tu peux être certain : c'est que si tu étais sur les toits pour quelque chose, je le saurai, car tu me le diras !

— On verra bien ! dit le promeneur nocturne toujours amusé...

Le capitaine Prouteau se penche à l'oreille du capitaine G...

— Tu vas m'envoyer ce gars à la brigade dans un quart d'heure. Surtout tu ne préviens personne pour éviter les fuites...

— Compte sur moi !

Le capitaine fonce d'abord à la brigade de recherche.

— B..., ça vous dit quelque chose ?

Un gendarme consulte des fiches...

— B..., notoirement connu comme membre actif de l'U.P.C. (Union du Peuple Corse), officier de réserve.

À la caserne Battesti, le G.I.G.N. est réuni au grand complet depuis la matinée. Le capitaine Prouteau arrive sur les chapeaux de roues, attrape au passage son adjoint, le capitaine Barril.

— Paul, on a arrêté un type qui a sans doute des renseignements intéressants. Moi, j'ai joué les gros bras avec lui. Toi, tu vas jouer la diplomatie. Mais fais-lui quand même peur avec le chien.

— P..., venez vite ! appelle le capitaine Barril.

— Mon capitaine ?

— On va interroger un suspect. Vous lui ferez peur avec Krex, mais vous retiendrez votre chien à la dernière seconde.

— C'est compris, mon capitaine !

21 h 30. B... arrive à la caserne Battesti. Il est conduit dans un bureau par les gendarmes du G.I.G.N. qui le prennent en charge. B... est assis dans un fauteuil. Autour de lui, une demi-douzaine de gendarmes en protection. On fait rentrer Krex. Le puissant berger allemand s'assied sagement au pied du maître chien, le gendarme D...

— Vous ne voulez pas parler ? demande le capitaine Barril avec sa voix la plus douce.

— Il y a longtemps que je me suis posé cette question. La réponse est non.

— Vous comprenez que nous avons une mission à accomplir et des otages à sauver. Il nous faut des renseignements.

— De toute façon, vous pouvez faire ce que vous voulez, moi je ne parlerai pas !

Le capitaine Barril se tourne vers le gendarme D... et lui dit :

— Faites attaquer le chien !

— Attaque !

Krex fonce comme une fusée. En une seconde, il est sur l'homme qui recule dans son fauteuil en levant les bras. Le gendarme D… retient son chien. Mais celui-ci d'un formidable coup de mâchoire a le temps d'arracher l'un des bras du fauteuil ! Même les gendarmes sont impressionnés, B… est livide. Il reste calme et dit à Barril :

— Ce n'est pas avec des procédés comme çà que vous me ferez parler.

— Mais on n'a pas du tout l'intention de te faire bouffer par le chien ! On veut simplement te montrer que nous, on est déterminés. Cette action a simplement pour but de te faire comprendre que nous ferons de toute façon notre opération sauvetage. On ira jusqu'au bout.

Le capitaine Barril a parlé d'une voix calme. B… a parfaitement compris qu'il était déterminé. Il réfléchit un instant, puis…

— Bon, écoutez, si j'étais sur le toit, c'est que je sers d'intermédiaire.

— Pourquoi d'intermédiaire ?

— Parce que je ne suis pas du même parti qu'eux. On a les mêmes idées, mais on n'est pas d'accord sur les moyens. J'ai pensé que je pouvais servir de médiateur.

— Tu te fous de nous !

— Non, non pas du tout ! Je suis en contact avec une autorité avec laquelle j'ai tenté d'arranger les choses.

— Ça ne tient pas debout, ton affaire ! dit le capitaine.

Il y a maintenant une demi-heure que B… est interrogé par les deux capitaines. Mais l'homme ne démord pas de sa version des faits. Soudain le capitaine Barril a une idée, en compulsant la fiche des renseignements du suspect :

— Mais dis-donc, tu sais que ta concubine risque d'être inculpée pour ton action.

— Mon œil !

— Mais non, c'est la loi et tu dois la connaître. Elle est

complice. Si tu es un homme responsable, tu devrais lui épargner ça. D'autant qu'elle attend un enfant.

— Comment savez-vous ça ?

Cette fois l'homme est ébranlé, et il ajoute aussitôt :

— C'est du chantage !

— Pas du tout. Tu es un officier de réserve. On comprend tes motivations sans les approuver. Cette affaire doit se régler entre hommes. Laisse ta femme en dehors du coup. Donne-nous le vrai but de ta mission et on s'arrangera pour que ta femme ne soit pas inquiétée...

L'homme réfléchit, hésite, puis...

— Bon, je vais vous dire la vérité : j'étais là pour préparer l'évasion de huit responsables.

— Mais c'est tout aussi invraisemblable ! comment feront ces huit hommes pour s'échapper alors que le pâté d'immeubles est cerné ?

— À un signal il y aura une manifestation très forte place du Diamant.

— Qu'est-ce que ça veut dire « très forte » ?

— Vous comprenez très bien ce que ça veut dire...

— On va tirer sur les gendarmes et les C.R.S. ?

— Comprenez ce que vous voulez...

L'homme a l'air sincère.

22 h 10. On signale au G.I.G.N., toujours à la caserne Battesti, qu'un nouvel homme a emprunté l'itinéraire des toits.

— Mais c'est une véritable autoroute ! commente le capitaine Prouteau qui téléphone au capitaine G... responsable du bouclage :

— Qu'est-ce que c'est que cette histoire de bonhomme sur les toits ?

— Écoute, je n'en sais pas plus que toi.

— Tu n'as pas de renseignements précis ?

— Non, un des mes gendarmes en faction d'observation dans les immeubles d'en face a simplement vu le déplacement de cet homme.

— Bon Dieu, B... nous a encore raconté des salades !

B... est interrogé par le capitaine Barril.

— Écoute, c'est moi qui t'ai arrêté tout à l'heure, tu me reconnais ?

— Oui.

— Bon, j'en ai marre. Moi je risque la vie de mes hommes. Je vais tuer des types en face, dans l'hôtel, c'est sûr. Car je vais au devant d'une situation que je ne sens pas bien. J'y vais parce que je suis militaire, que j'ai reçu un ordre et parce que cette situation ne peut plus durer. Si je me trouve sur le toit en train d'ouvrir le feu, tu te rends compte du carnage... C'est la guerre ! En revanche, puisque tu ne veux plus nous aider, la guerre que tu fais, sans savoir vraiment ce que c'est, sans avoir vu un homme qui perd son sang, sans avoir vu un homme mort, eh bien cette guerre, tu vas la voir de près. Car je t'emmène avec moi.

L'homme est une nouvelle fois ébranlé.

— Qu'est-ce que vous voulez savoir exactement ?

— Il y a encore un homme qui vient de passer par le toit.

— C'est pas possible ! dit B...

— Si, il y a quelqu'un qui vient d'emprunter le même itinéraire que toi.

— C'est pas possible ! répète B... C'est pas ce qui était prévu !

— Mais qu'est-ce qui était prévu ?

— Ce que je vous ai déjà expliqué.

Fou de rage, le capitaine Prouteau téléphone à nouveau au capitaine G...

— Écoute, ou tes gars se sont gourrés, ou B... ment. Or, il a l'air sincère. Alors précise le renseignement.

— O.K. !

Prouteau revient une nouvelle fois dans la pièce.

— Christian, beaucoup de temps a été perdu, il faut engager l'opération. Il est 22 h 40 ! suggère le capitaine Barril.

— Négatif, je ne veux pas m'engager pour aller au massacre. J'ai besoin de savoir.

Puis, après un instant de réflexion.

— Fouillez-moi ce gus !

B... avait déjà été fouillé lors de son arrestation pour vérifier qu'il n'avait pas d'armes. Mais c'était une fouille sommaire...

— Mon capitaine, je viens de trouver un papier !

Effectivement, le gendarme P... découvre un minuscule papier plié et replié, de la grosseur d'un confetti. On le déplie fébrilement. C'est l'itinéraire du toit. Un itinéraire dessiné sur un papier à en-tête : celui d'un notable notoirement connu pour son activisme au sein du mouvement autonomiste, F.L.C.

— D'accord, ce que tu m'as dit se confirme, dit le capitaine Prouteau.

Et en attendant que le capitaine G... rappelle pour préciser le renseignement, le capitaine Prouteau discute « décontracté » avec B...

— Où as-tu fait ton service ?

— Dans l'infanterie de marine. Ce sont les meilleurs !

— C'est quand même bizarre, tu portes l'uniforme français et pourtant tu luttes contre la France !

— Non, pas du tout ! Vous ne comprenez pas...

En fait l'homme a fait toutes ses périodes militaires de réserve pour passer capitaine, ayant actuellement le grade de lieutenant.

22 h 50. Coup de fil du capitaine G...

— Tu avais raison. Mes gars ont déconné. J'ai interrogé personnellement celui qui avait vu. Voilà ce qui s'est passé. Un gars est sorti par la petite cour du toit, il est monté sur les tuiles, est allé sur le toit suivant puis est revenu.

— Donc, début de reconnaissance d'itinéraire, commente Prouteau. Merci, c'est très précieux !

Il lui revient à l'esprit la porte-fenêtre pas fermée complètement... un indice de plus !

Un instant plus tard, le capitaine Prouteau est à nouveau devant B...

— Bon d'accord, tu ne nous as pas menti. Mais maintenant j'ai besoin d'un ultime renseignement. Ce sera le dernier. Dis-moi ça à demi-mots, dis-moi ça comme tu veux, mais il y a quelque chose qu'il faut que je sache. À quelle heure la sortie des huit était-elle prévue ?

— Je ne veux pas répondre.

— Écoute, tu sais très bien que nous ferons notre travail. Ces huit hommes, si je ne sais pas à quelle heure ils doivent quitter l'hôtel Fesch, risquent de se trouver nez-à-nez avec mes gars qui vont tirer. Ce sera un massacre. Tu veux que tes amis soient tués ? Tu sais très bien que de toute façon, ils seront pris, vivants ou morts. Tu choisis. Puisque tu sembles être un type bien, quelles valeurs peuvent avoir tes idées face à la vie d'un homme ? Tu comprends bien que dès que l'on va tirer sur les toits, mon équipe, au rez-de-chaussée de l'hôtel, donnera l'assaut dans les pires conditions. Tu es militaire de réserve. Tu comprends que tu as la vie de tous tes amis entre tes mains ?

— Je ne suis pas un donneur !

— Mais il n'est pas question de donner personne ! Les gars sont pris au piège de toute façon. je te répète simplement que leur vie dépend maintenant de toi. Moi, ça fait six ans que je sauve des vies avec mes gendarmes, en prenant des risques inouïs, sans tirer un coup de feu. Je fais ça parce que moi aussi j'ai un idéal. Mais s'il faut tirer, nous le ferons. Ce sera alors la preuve que nous avons épuisé toutes les autres solutions. Tu crois que ça nous amuse de tirer sur un être humain ? Regarde-nous : tu crois que nous sommes des tueurs ?

Pour la troisième fois, l'homme est touché au cœur. Le capitaine Prouteau a prononcé son « discours » avec une grande passion, une puissante conviction intime. Un silence glacé... puis :

— Qu'est-ce que vous voulez savoir exactement ?

— Je veux connaître l'heure de sortie des huit types.

— Quelle heure est-il ?

— 23 heures.

— Mon capitaine, je ne vous dirai pas l'heure... Mais dépêchez-vous !

— Écoute, on va foncer, mais on t'emmène avec nous. Je ne te bâillonne pas si tu me donnes ta parole que tu ne gueuleras pas.

— D'accord.

— Paul, c'est toi qui le garderas en bas, dit le capitaine Prouteau au capitaine Barril. C'est au rez-de-chaussée qu'on risque d'en avoir le plus besoin.

— Allez ! tous au camion !

C'est enfin l'action pour les vingt-cinq gendarmes du G.I.G.N. qui depuis deux jours se battent pour mener leur opération sans casse. Par la double porte arrière, ils s'entassent les uns contre les autres, debout. Les trois chiens, assis, comprennent qu'ils doivent se faire tout petits, mais c'est difficile ! Ils commencent à tirer la langue dans la chaleur moite qui augmente à chaque tour de roue. Dans les virages, les hommes sont projetés les uns sur les autres.

— Oooh ! c'est Fangio, ce mec-là !

La réflexion détend l'atmosphère. Le Saviem franchit les barrages, arrive au pied de l'immeuble dont le toit doit servir de passage à l'équipe du capitaine Prouteau. Le lourd véhicule monte sur le trottoir et le chauffeur s'arrange pour que la porte latérale du Saviem soit juste en face de la porte de l'immeuble. Entre les deux portes : environ un mètre cinquante. La sortie du G.I.G.N. sera donc impossible à voir. Mais devant le Saviem, le capitaine Prouteau aperçoit un civil qui discute avec deux capitaines de gendarmerie.

— Merde, qu'est-ce que c'est que ce gars ? Que personne ne bouge, je vais aux renseignements.

À l'arrière, vingt-deux gendarmes, B... et trois chiens commencent à trouver le temps long. Il fait maintenant très chaud et la langue des dangereux toutous s'est encore allongée de quelques centimètres. Le capitaine Prouteau descend, interpelle d'un geste l'un des deux capitaines.

— Qui c'est, ce type ?

— C'est le patron de l'hôtel Fesch. Il dit qu'il vient pour une médiation.

— Tu parles ! Il est là pour voir ce que vous faites !

— Bon, qu'est-ce qu'on en fait ?

— Eh bien, tu le renvoies gentiment.

23 h 50. Après une longue conversation, malgré les signes impatients du capitaine Prouteau, le patron de l'hôtel regagne enfin son établissement et disparaît au coin de la rue. Le bâtiment choisi par le capitaine Prouteau est en effet perpendiculaire à l'hôtel Fesch.

— Allez, on gicle !

Aussitôt la porte latérale est ouverte. Douze gendarmes et deux chiens foncent par l'escalier pour monter sur le toit avec le capitaine Prouteau. Onze autres avec un chien et un épandeur de gaz C.B. se cachent derrière les camions des gendarmes para, stationnés devant le Saviem. C'est l'équipe du capitaine Barril. Elle sera chargée d'attaquer par le rez-de-chaussée.

Dans les escaliers, douze gendarmes montent dans le noir absolu. L'électricité n'a pas été allumée volontairement. Au troisième étage, un chien aboie derrière une porte. Il a senti les deux chiens du G.I.G.N. Mais ceux-ci, parfaitement dressés, ne bougent pas. Enfin, c'est le grenier. En tête, le capitaine Prouteau avec ses lunettes spéciales qui permettent de voir dans l'obscurité. Derrière lui, silhouettes noires dans le noir de la nuit, douze hommes avancent en posant une main sur l'épaule de celui qui précède... Sous les tuiles, catastrophe ! Le capitaine Prouteau se rend compte que le passage taillé à la scie est insuffisant. Il faut couper un autre linteau. Il est minuit. Le silence est encore plus impressionnant. Le capitaine n'a plus sa petite scie. C'est avec une minuscule pince coupante qu'il va réussir à enlever un linteau supplémentaire. Craquements, respiration haletante des deux chiens dans le noir, douze gendarmes accroupis dans le grenier attendent que le linteau veuille bien céder. Les forces décuplées par la colère d'être bloqués par un obstacle dérisoire faute de moyens appropriés, le capitaine Prouteau va casser le linteau en tordant, d'un coup, sa pince. Le craquement semble une explosion aux gendarmes... Ils attendent le cœur battant... Le toit de l'hôtel Fesch est à quatre mètres... Mais le silence continue d'envahir la nuit.

— Allez-y, je vous couvre !

Un à un, les gendarmes passent par cette ouverture de quarante centimètres de côté. De curieux gendarmes en noir qui ont aux pieds des ballerines de théâtre peintes en noir ! Pour avancer en souplesse sans se faire repérer... Chacun prend sur le toit la position qui lui a été assignée lors des séances de préparation. On entend de temps à autre une patte griffue qui glisse sur une tuile : ce sont les deux chiens du G.I.G.N. qui ont parfois du mal à imiter le feutré des pieds gendarmiques ballerinés... La progression commence alors vers le toit de l'hôtel Fesch et soudain, montent de la rue des hurlements.

— Attention ! ils arrivent ! attention ! ils sont là !

L'homme crie avec une force inouïe.

— Merde, pense le capitaine Prouteau qui, sur son toit, ne voit pas la rue. B... nous a trahis !

Car B... était toujours dans la rue avec des menottes, mais sans bâillon, au milieu du groupe du capitaine Barril.

En fait, ce n'était pas B... mais le patron de l'hôtel, qui était soi-disant pris en otage... Et qui a crié pour avertir les autonomistes. Le capitaine Barril se précipite, neutralise l'homme d'un coup de karaté et le tire entre les camions où il est bâillonné.

Sur le toit, le moral des gendarmes est proche de zéro.

— Ils ont entendu, c'est foutu pour l'effet de surprise ! dit à voix très basse Prouteau au chef P...

— Qu'est-ce qu'on fait, mon capitaine ?

— On continue !

Mais en fait, les autonomistes, retranchés dans une chambre

et en ultime discussion sur l'attitude à suivre, n'ont rien entendu.

Avant de passer sur le toit de l'hôtel Fesch, le capitaine Prouteau allume le rayon invisible du laser. Un appareil ultra-sophistiqué qui lui permet d'éclairer comme avec un projecteur sans que personne ne remarque la moindre lueur. C'est grâce à ses lunettes spéciales à amplification de brillance qu'une telle performance technique est réalisée. Fenêtre après fenêtre, le rayon fouille le moindre coin d'ombre : rien de suspect. Geste de la main dans le noir : en avant ! Le capitaine Prouteau décide de modifier le schéma initial, compte tenu des événements. Il faut investir tout l'hôtel, très vite.

— Vous ici, vous là, vous sur ce balcon, vous avec moi.

Les instructions sont données au fur et à mesure que les gendarmes passent de « leur » toit sur celui de l'hôtel Fesch. Le capitaine Prouteau, sur le faîte du toit de l'hôtel Fesch progresse doucement vers la petite cour intérieure d'où sortent des cheminées et une antenne de télévision.

Soudain, alors qu'il n'est plus qu'à trois mètres de cette étrange courette, une tête en surgit... pousse un cri effrayé : « Ils sont là ! »... La silhouette se laisse tomber au sol, lâche son fusil, ouvre la porte à toute volée et disparaît sans la fermer à clef. Le capitaine Prouteau est brutalement rassuré. L'effet de surprise est réussi contre toute attente. Trente secondes plus tard, le capitaine Prouteau est dans la minuscule cour protégée par les gendarmes B... et D... Ils entendent des cris, des bruits de course dans les escaliers. Dans l'hôtel, c'est la panique.

— Ne bougez pas, dit le capitaine Prouteau à ses hommes ; gardez le silence. Il faut qu'ils aient l'impression que nous nous infiltrons partout...

Au rez-de-chaussée, l'équipe du capitaine Barril est toujours prête à agir, mais elle n'a pas bougé. Chaque homme est relié à sa petite radio portative, un écouteur dans l'oreille pour éviter de se faire repérer.

— Couvrez-moi, je vais jeter un œil, dit le capitaine à ses

deux gendarmes qui pointent aussitôt leur revolver 357 vers la porte.

Le capitaine Prouteau s'approche de la porte pour regarder... par le trou de la serrure. Dans la lumière du couloir, il voit un groupe d'autonomistes. Ils sont au bout du palier et semblent désemparés. On le serait à moins. Tous sont armés. Une forêt de fusils émerge des têtes qui chuchotent entre elles. Soudain une voix s'élève parmi eux.

— Qui que vous soyez, allez-vous en !

— De toute façon, nous ne repartirons pas ! répond Prouteau. Nous accomplirons notre mission jusqu'au bout. L'hôtel est entièrement investi. Vous n'avez qu'une seule chose à faire : vous rendre.

— Nous sommes des soldats, répond la voix, avec un sympathique accent corse. Nous devons réussir ou mourir !

— Tu es Lorenzoni ? demande Prouteau.

— Oui, je suis Lorenzoni (le chef des autonomistes).

— Écoutez, tous mes hommes sont en place. Ils sont déterminés. Si vous ne vous rendez pas, vous y passez tous, les uns après les autres. Moi j'ai ce qu'il faut. Nous tenons tous les étages et vous ne vous en êtes pas aperçus !

— Oui, mais moi j'ai des otages !

— Tu as des otages ? mais ce sont des Corses ! Tu vas tuer des Corses ? Tu t'imagines ce que tu feras après ? Tu ne pourras plus aller nulle part, et encore, si tu as la chance de sortir vivant d'ici...

— D'abord, je veux savoir qui tu es !

— Écoute-moi ! Je suis ici avec les tireurs d'élite du groupe d'intervention de la gendarmerie. Je commande ce groupe. Est-ce que tu nous connais ?

— Oui. Je les connais. Et je te connais aussi. Je t'ai vu en photo ! Nous aussi, nous sommes des soldats, et nous combattons dans l'honneur.

— Mais il est hors de question de faire quoi que ce soit qui atteigne votre honneur ! répond le capitaine Prouteau. Je me rends compte que jusqu'à présent vous avez été des types corrects. Vous n'avez tué personne. Moi je suis prêt à jouer le jeu avec vous. Mais je dois vous arrêter.

— Oui, mais après, vous nous remettrez aux mains des sales flics de F... (un commissaire de la P.J. corse). Ils vont nous massacrer. Ils ont torturé des gosses. C'est des fumiers...

— Nous, on est pas là pour discuter de problèmes que nous ne connaissons pas. Tu peux être sûr que nous travaillons correctement, sans violence inutile. Tu connais le G.I.G.N.

— Oui, je le connais !

— Tu sais comment on travaille !

— Oui, je sais !

— Alors, tu sais que nous sommes d'accord avec toi sur l'honneur !

— Mais tu te rends compte que si je me rends sans tirer, sans résister, mes soldats, ils vont perdre l'honneur !

— Il n'y a aucun déshonneur à se rendre quand on est vaincu. Vous ne pouvez rien faire, sinon mourir pour rien et faire des victimes innocentes. Tu as des gars avec toi qui ont quinze-seize ans, réfléchis... !

Un premier silence peuplé de conciliabules coupe l'étonnante conversation qui s'échange à travers la porte fermée. Puis Lorenzoni reprend :

— Est-ce que tu peux me promettre quelque chose ?

— Je ne peux rien promettre. La seule chose que je puisse te promettre, c'est que si vous vous rendez, vous serez traités comme il se doit.

— Bon, mais d'abord je veux te voir, je veux voir si je peux compter sur toi.

La réaction des deux gendarmes est immédiate.

— N'y allez pas, mon capitaine, il va vous tirer dessus ! dit le gendarme B...

— Mon capitaine, je ne veux pas que vous y alliez ! ajoute le gendarme D...

— Laissez-moi faire, répond Prouteau. C'est la seule chance que nous ayions de résoudre cette affaire sans un coup de feu.

— N'y allez pas, mon capitaine, ils vont vous tuer ! répète le gendarme P...

Il est vrai que des jeunes voix se font entendre à plusieurs reprises, disant : « Il faut les descendre et sortir en force ! »

— Non, il faut voir qui c'est ! répond Lorenzoni à ses troupes. On ne tire pas comme ça sur les gens sans savoir.

— De toute façon, répond à haute voix le capitaine Prouteau, aussi vite que vous croyez pouvoir tirer, mes gendarmes tireront plus vite que vous. Si vous nous amenez à utiliser nos armes, il y en a beaucoup d'entre vous qui ne reviendront pas au pays.

— Écoute ! reprend Lorenzoni. Je te l'ai dit, je veux voir si tu es l'homme que je pense. Viens avec tes armes, mais laisse-les dans l'étui. J'aurai mon fusil, mais je le donnerai au gars qui est derrière moi au moment où tu rentreras !

Une nouvelle fois, c'est un concert de protestations des deux gendarmes. Mais rien n'y fait.

— Il faut que j'y aille !

— Alors, laissez-nous vous protéger !

— Bon, si ça vous rassure ! Restez derrière moi...

La porte s'ouvre. Pourvu qu'ils ne voient pas que j'ai peur pense le capitaine qui s'avance d'un pas calme... Il s'attend à un coup de feu immédiat... Rien. Au pied du petit escalier qui permet de descendre sur le palier de l'hôtel, Lorenzoni est là, fusil à la main, canon vers le plafond ! Le capitaine descend trois marches.

— Arrête-toi ! dit Lorenzoni. Je te reconnais !

Alors, avec un geste solennel, il se retourne, tend son fusil à un homme après avoir éjecté la cartouche du canon.

— Tu vois, dit-il, j'enlève les cartouches ! Tu es bien l'homme que je pensais. Maintenant on va discuter comment on va s'arranger.

— Non ! réplique Prouteau. Tu m'as dit que tu voulais me voir, tu m'as vu. C'est à moi de te dire : tu me rends les armes.

— Mais on peut pas sortir comme ça ! Il nous faut quelque

chose en échange. Est-ce qu'on peut garder trois ou quatre fusils ?

— D'accord, mais on te les aura désarmés.

— Bon, d'accord !

— Mais tu préviens tes hommes qu'ils ne tirent en aucun cas. Parce que s'il y a un coup de feu, mes hommes vont tirer et je ne donne pas cher de vos vies.

— Je n'ai qu'une parole ! dit Lorenzoni.

Derrière lui, des voix montent de l'escalier.

— Il va se foutre de toi ! Ne le crois pas ! C'est tous des salauds ! Faut les descendre !

— De toute façon, précise Prouteau, je serai obligé de te donner à la police. Alors qu'est-ce que tu veux ?

— Je veux marcher dans la rue la tête haute.

— Alors, je te promets qu'on ne te mettra pas les menottes. Vous pourrez marcher dans la rue ensemble, comme vous le voulez. On évitera que les autres unités interviennent. Et on vous remettra un par un à un inspecteur de police pour ne pas qu'il y ait de confusion.

— D'accord. Mais je te demande encore une chose. C'est qu'on puisse sortir avec nos étendards.

— C'est d'accord ! répond immédiatement Prouteau qui voit se profiler de plus en plus précisément une solution pacifique, impensable il y a encore quelques minutes. Il est maintenant 1 h 20. Mais la tension reste grande. Derrière le capitaine, les deux gendarmes restent en protection, le 357 à la main. Lorenzoni en prend soudain conscience et explose.

— Tu n'as pas confiance en ma parole !

— Pourquoi ? demande Prouteau à nouveau inquiet.

— Tes hommes sont là, ils ont le revolver au poing, prêts à tirer.

Prouteau se retourne.

— Allez, reculez et rangez vos revolvers.

— Mon capitaine, ils vont vous massacrer !

— Rangez vos armes ! C'est un ordre !

À contre-cœur, les deux gendarmes font un pas en arrière et remettent leur revolver dans l'étui.

— Bon, tu vois que j'ai confiance en ta parole. Je vais te montrer que moi aussi j'en ai une. Je vais prévenir l'équipe qui devait vous gazer par le rez-de-chaussée que cette opération est inutile.

Prouteau prend le micro de son émetteur.

— Paul, tu me reçois ?

— Vas-y, Christian, où en es-tu ?

— Tu peux monter doucement. J'ai obtenu la reddition.

— On arrive !

Une douzaine d'hommes en noir jaillissent dans la lumière des lampadaires de la rue Fesch. En petite foulée, les douze gendarmes de l'équipe Barril pénètrent dans l'hôtel Fesch par le rez-de-chaussée. Mais ils se trouvent nez-à-nez avec le deuxième groupe d'autonomistes, dirigés par Christian Lorenzoni, le frère de celui qui vient d'accepter de se rendre dans l'honneur au dernier étage de l'hôtel. Et les deux groupes d'autonomistes ne sont pas reliés par radio ou par téléphone, ce qui fait qu'en bas, on ne sait rien. Christian Lorenzoni, fusil à la main, est entouré d'une vingtaine d'hommes puissamment armés. C'est la surprise totale pour les gendarmes comme pour les autonomistes. Les deux groupes sont face à face, prêts à tirer.

— Si vous faites un pas de plus, je vous descends ! dit Christian Lorenzoni aux gendarmes, et il crie derrière lui : dispositions de combat ! bruits de culasse que l'on arme. Barril sent le désastre arriver.

— Fais pas le con ! ton frère vient d'accepter de se rendre à notre capitaine qui est sur le toit.

— C'est pas vrai ! C'est pas possible ! dit le deuxième Lorenzoni.

— C'est un piège ! Faites gaffe ! crient plusieurs voix dans l'escalier de l'hôtel.

— Mais si, c'est possible ! C'est vrai ! dit le capitaine Barril.

— Attention, arrêtez d'avancer ou je vous descends ! répète Christian Lorenzoni.

Le capitaine Barril avance encore doucement et dit :

— Écoute ! Regarde ! Je n'ai pas d'arme, mon revolver est dans son étui, mais si on voulait, tu serais déjà mort.

Silence… tension…

— Tu veux que je te montre à quelle vitesse je tire ? demande le capitaine Barril.

— Fais ça et tu meurs ! réplique Lorenzoni.

— Tu seras mort avant ! répond le capitaine. Si j'avais voulu le faire, tu ne serais plus en vie. Alors, à ton avis, pourquoi j'avance comme ça ? Demande à ton frère, demande-lui ! Moi maintenant je ne bouge plus. Mais je vais faire prévenir ton frère par radio pour que tu sois au courant.

Le capitaine Barril découvre le micro de son émetteur.

— Christian, tu me reçois ?

— Vas-y, Paul…

— En bas, ils ne sont pas prévenus, tu peux demander à Lorenzoni qu'il prévienne sòn frère ?

— Bon, ne faites rien, surtout ne bougez pas, je m'en occupe.

Et c'est ainsi qu'une minute plus tard, une fenêtre du sixième étage s'ouvrait dans la rue Fesch.

— Christian, tu m'entends ? hurle Lorenzoni dans le silence de la rue Fesch.

— Oui, je t'entends ! répond son frère Christian.

— Christian, c'est terminé ! Dis à tes hommes qu'ils rendent leurs fusils. On nous a donné des garanties. On se rend dans l'honneur !

Par radio, le capitaine Prouteau donne alors de nouveaux ordres à ses vingt-quatre gendarmes :

— Désarmez les gars en douceur, sans geste brusque, parlez-leur, prenez leurs armes et ôtez-en les cartouches.

Et voici que surgissent à tous les étages les hommes en noir du G.I.G.N. Celui-là était passé par le toit, celui-là par une fenêtre, celui-ci par une gouttière. C'est impressionnant d'efficacité. Les autonomistes ont le sentiment « qu'il y en a un sous chaque lit de l'hôtel et derrière chaque porte ».

Chaque gendarme s'approche, en discutant, avec chaque autonomiste.

— Allez les gars, c'est fini ! C'était bien, vous avez tenu le coup. Maintenant, vous allez sortir dans l'honneur, avec vos drapeaux et vos fusils, mais il faut que j'enlève les cartouches...

Chaque fois qu'un gendarme mettait la main sur une arme, on sentait une tension extrême. Il fallait une psychologie particulièrement fine pour éviter tout incident. Il aurait suffi que l'un des trente-neuf autonomistes armés se rebiffe :

— Non, touche pas à mon arme !

Pour qu'une fusillade éclate, faisant des dizaines de victimes !

Toutes les armes des gendarmes du G.I.G.N. sont dans leur étui. Cela est pour beaucoup dans le succès de l'opération. Petit à petit, marche après marche, le groupe des autonomistes du haut descend et finit par rejoindre le groupe du bas, neutralisé par les hommes du capitaine Barril. Tous sont dans le hall de l'hôtel qui devient une véritable gare : trente-neuf autonomistes, plus huit otages libérés, sains et saufs, plus vingt-cinq gendarmes du G.I.G.N., plus trois chiens !

— Maintenant, dit Lorenzoni, nous voudrions sortir en ordre, en chantant nos chants nationaux !

— Aucun problème ! accepte le capitaine Prouteau.

Le groupe des autonomistes sort avec ses drapeaux et quelques fusils déchargés. Ils marchent en troupe, encadrés par les vingt-cinq gendarmes. L'honneur est sauf. Grâce à l'intelligence et au sens des responsabilités de deux chefs, une dramatique effusion de sang, complètement inutile, a été évitée...

Des flashes crépitent, des projecteurs s'allument, la meute des journalistes a réussi à passer grâce à un barrage de C.R.S. bon enfant. Il est 1 h 35, en ce vendredi 11 janvier 1980.

Dans une pagaille que s'efforcent de contrôler les gendarmes, le groupe continue sa progression au milieu d'un tohu-bohu journalistique à la mesure de l'événement. Le travail du G.I.G.N. sera d'ailleurs facilité par Lorenzoni qui tient ses hommes avec une discipline de fer.

— Toi, tais-toi ! Mets-toi dans le rang ! Allez ! on chante !

Le cortège arrive maintenant cours Napoléon. Des fenêtres s'allument, des silhouettes s'encadrent, une voix crie :

— Sales flics, ordures !

Tout le monde a entendu le hurlement dans le relatif silence dû à l'heure avancée de la nuit. Une voix puissante avec un accent corse marqué jaillit alors de la troupe qui s'avance. C'est la voix de Lorenzoni.

— Tais-toi ! Provocateur ! Tu sais pas à quels hommes tu parles ! Alors tais-toi, tu n'es capable que de crier !

Au troisième étage d'un immeuble, une silhouette se rapetisse.

Avant d'être remis entre les mains de la police, Lorenzoni, interrogé par les journalistes dira :

— J'ai été fier de me rendre à ces hommes ! Se rendre à de tels hommes n'est pas un déshonneur !

Les journalistes noteront gravement les paroles historiques. Mais aucun d'entre eux ne remarquera que la moitié des gendarmes du G.I.G.N. est chaussé de ballerines peintes en noir...

LA MORT EN FACE

Le 28 octobre 1980, nouvelle alerte pour le G.I.G.N. Affaire classique. Un forcené s'est retranché chez lui après avoir tiré sur un huissier et un gendarme dans un petit village près de Bordeaux. Les deux hommes sont blessés. L'huissier venait récupérer chez le forcené une somme d'argent assez modeste : environ 600 francs qu'il devait pour dommages et intérêts.

À 21 heures, douze hommes, un chien, et le capitaine Prouteau prennent l'avion à Villacoublay pour Bordeaux Merignac.

22 h 40 : atterrissage à Bordeaux.

23 h 10 : arrivée à Paulhac.

Beaucoup de journalistes sont là. Beaucoup de monde. Les pompiers ont mis des projecteurs en place. C'est Hollywood !

Sous les flashes des photographes et l'éclairage de la T.V., les gendarmes déploient leur matériel.

— Je trouve que les journalistes sont trop près de l'événement, commente Prouteau qui part en reconnaissance.

Il est minuit. La maison dans laquelle s'est retranché le forcené est toute en longueur. Tous les volets ont été fermés. En deux rétablissements, Prouteau est sur le toit. Il fait froid et humide. Les tuiles sont terriblement glissantes et la petite mousse verte qui pousse aux jointures n'arrange rien. Mais l'entraînement sévère du G.I.G.N., capitaine compris, porte ses fruits. Le capitaine mène à bien sa mission.

Avec ses lunettes à intensification de brillance, l'officier y voit comme en plein jour : symphonie en vert mineur... Il est à la verticale de la partie de la maison où s'est enfermé le forcené. Le capitaine écoute, se penche, écoute encore. Mais sous les tuiles, c'est le silence absolu.

De retour parmi ses hommes, le capitaine donne ses ordres.

— Sortez les endoscopes !

Il s'agit d'un matériel utilisé par les médecins, une fibre optique de 8 mm de diamètre, qui est une véritable caméra. On peut glisser cette fibre par un trou de serrure ou sous une porte et observer discrètement sans être vu.

D'un appartement voisin, les gendarmes du G.I.G.N. mettent les micros ultra-sensibles pour capter le moindre bruit et avoir ainsi des indications supplémentaires. La somme de renseignements permet ainsi d'agir à coup sûr.

Dans les casques, les gendarmes écoutent et entendent... les poules qui gloussent dans un poulailler, les voisins qui chuchotent, une chaussure qui grince... Mais dans la maison du forcené, rien ne bouge.

— Bon, on va gazer doucement. Ça le forcera à sortir ou au moins à ouvrir une de ses fenêtres.

L'équipe de gazage se met en place. Le chef F... monte avec le gendarme G... sur le toit afin de propulser la poudre C.B. par la cheminée d'aération qui aboutit dans l'appartement du forcené, toujours aussi immobile.

— Allez-y !

De la poudre est propulsée par l'appareil dans la cheminée. Il est 2 h 15 du matin. Soudain, l'équipe d'écoute entend l'homme tousser. Il bouge. Il se dirige vers une fenêtre. Il l'ouvre, décroche les volets qu'il entrebaille. L'un des gendarmes du G.I.G.N., caché contre le mur, ouvre alors brusquement les volets en grand. Pas de réaction du forcené...

— Allez, mettez un peu de gaz dans la fenêtre ouverte...

Un petit jet de gaz pénètre dans la pièce où le forcené est censé être... Le capitaine Prouteau retourne à l'une de ses voitures pour chercher ses lunettes spéciales à vision nocturne. Un journaliste de F.R. 3 et un éclairagiste s'approchent. Lumière... La caméra ronronne. On filme le capitaine Prouteau en train de s'équiper.

— Mon capitaine, on va vous suivre. Vous, ça vous éclairera, et nous, ça nous permettra de filmer.

— Si vous voulez ! dit Prouteau qui a toujours respecté le métier de journaliste.

Le caméraman suit le capitaine Prouteau, mais à une vingtaine de mètres. L'éclairagiste allume... Le capitaine Prouteau est pris dans un puissant faisceau.

— Éteignez ! crie Prouteau.

Le technicien éteint.

— Où est-il ? demande le capitaine Prouteau en s'adressant à l'un de ses hommes qui avait pu regarder dans la chambre par la fenêtre ouverte.

— Il est derrière le lit, avec le fusil.

Le capitaine s'approche de la porte vitrée. Grâce à ses lunettes spéciales, il voit bien l'intérieur de la pièce, pourtant plongée dans l'obscurité. Le capitaine Prouteau est lui-même dans le noir puisque tout a été éteint à sa demande, y compris une partie de l'éclairage municipal. Il voit l'homme, entre le mur et le lit, fusil à la main, prêt à tirer et regardant par la fenêtre, mais pas exactement dans sa direction. Le capitaine essaye de lui parler.

— Allez, viens. C'est terminé, ne fais pas l'imbécile...

— No ! no ! répond le forcené en portugais.

Le capitaine enlève ses lunettes spéciales. Il n'en a plus besoin car derrière lui, deux gendarmes ont allumé des lampes torches qui éclairent faiblement mais suffisamment la pièce.

Mais d'un seul coup, un puissant projecteur blanc s'allume dans le dos du capitaine. C'est celui de l'équipe T.V. La silhouette de Prouteau se détache donc instantanément dans l'encadrement de la porte vitrée.

Le capitaine Prouteau, en une demi-seconde, voit les yeux fous du forcené se tourner vers lui en même temps que les canons du fusil. Une énorme flamme, une explosion que le capitaine entendra toute sa vie, une fantastique douleur. « Comme si une locomotive avait heurté ma tête à 200 km/h, j'ai senti ma tête exploser. »

Le capitaine Prouteau a reçu en pleine figure, à moins de cinq mètres, une décharge de plomb n° 2, calibre 12. De quoi tuer un sanglier...

Des milliers de points lumineux explosent dans le cerveau de l'officier qui est projeté en arrière par la violence du choc. Déjà une visqueuse chaleur envahit son cou et sa poitrine : son sang coule de tous côtés. Il a la tête percée comme une écumoire : cinquante-quatre plombs l'ont atteint, dont plusieurs ont transpercé les joues et le cou de part en part !

— Mon capitaine ! Mon capitaine ! hurle le gendarme C... qui se précipite et attrape l'officier par la main au moment où il tombe. Dans un effort désespéré, le capitaine Prouteau se relève, aidé par le gendarme C... L'officier n'a pas perdu conscience malgré le choc effroyable et ses cinquante-quatre blessures.

« Tu t'es fait toucher, quelle connerie », pense-t-il.

Il entend le gendarme J... qui réagit avec ses tripes :

— Ce salaud, il a tué le patron ! Il faut qu'on l'ait ! Ça peut plus durer !

Il entend aussi le chef R... :

— Nom de Dieu, le patron est amoché, il est foutu !

Chacun parle à haute voix, persuadé que Prouteau est dans le coma et qu'il n'entend plus rien.

— L'ambulance ! Appelez l'ambulance ! entend encore l'officier couché au sol et baignant dans son sang.

Prouteau a l'impression qu'il n'a plus de mâchoire, qu'elle a été arrachée par la décharge... On le prend, on le met sur une civière, il ouvre à demi les yeux déjà collés par le sang mais qui par miracle n'ont pas été touchés. Il voit au-dessus de lui des visages, il entend des respirations, des flashes crépitent, puis la petite lumière blanche du plafond de l'ambulance devient son seul firmament. Une seule obsession pour cet homme que chacun croit blessé à mort : la phrase du gendarme J..., « le salaud, il a tué le patron, il faut qu'on l'ait... »

Alors, malgré son cou percé de part en part et d'où gicle le sang, malgré sa tête qui a triplé de volume — et ce n'est pas une image — le capitaine Prouteau va tenter de parler :

— Ne le tuez pas !

Oui, il a bien pensé « ne le tuez pas », il a même essayé de le dire. Mais de son gosier noyé de sang, monte un bruit de lavabo bouché. Horrible.

— Ne parlez pas, mon capitaine. Reposez-vous ! dit un secouriste qui vient de lui mettre un flacon de perfusion.

Le capitaine a l'impression qu'il a la moitié de la tête arrachée. Dans sa bouche, plusieurs dents ont volé en éclat. Il sent vaguement les morceaux et a la certitude de n'avoir plus de dents. Il veut savoir. Alors l'officier va passer sa main sur son visage pour essayer de savoir vraiment. Entreprise douloureuse, car la gerbe de plomb a truffé non seulement son visage, mais ses épaules... Mais récompense : « tout est là ». Le nez, les yeux, les joues, la mâchoire. Tout cela, démesuré, déchiré, boursouflé, inhumain...

Mais son sang continue à gicler au rythme des pulsations cardiaques. Impossible de colmater cinquante-quatre trous !

— Il est foutu ! dit un pompier impressionné, persuadé que Prouteau n'entend pas.

Mais le gendarme R... du G.I.G.N. est un ancien pompier. Il réagit aussitôt.

— Ne dites pas de connerie ! Allez, ça suffit, on va le sauver !

Il commence à ouvrir son col, à desserrer ses vêtements. Le médecin arrive. Il est trois heures du matin. L'ambulance veut démarrer, mais c'est la panne ! Gendarmes et pompiers sont obligés de la pousser pour que le moteur consente enfin à démarrer. Le capitaine Prouteau sera sauvé.

Les onze gendarmes du G.I.G.N. qui restent sur place sont traumatisés. Pour eux, leur chef est mort. Du moins, il ne vaut guère mieux. Le lieutenant L... prend en main le commandement. Il faut poursuivre l'opération. C'est la mission de la gendarmerie.

— On va envoyer le chien par la fenêtre ouverte !

— O.K. maintenant !

— Allez, attaque ! dit le gendarme B..., maître chien au G.I.G.N.

Le chien Arno saute dans la pièce. Les chiens ne sont pas incommodés par les gaz C.B. Au moment où le puissant berger allemand disparaît, un coup de feu claque...

— Merde, il a tué le chien ! crie le gendarme B... qui rappelle aussitôt son compagnon.

— Arno ! Arno !

Et, surprise, le chien ressort aussitôt.

— Ça alors, ben il a tiré sur quoi ?

— Il a dû rater le chien !

Silence.

— On va attendre le jour, décide le lieutenant L...

Au petit jour, vers 8 heures, les onze gendarmes vêtus de leurs gilets pare-balles, de leur casque spécial anti-balles, donnent l'assaut. Les lourdes silhouettes, massivement protégées de surcroît par des boucliers, pénètrent dans la maison. Derrière le lit, ils trouveront l'homme. Mort. Il s'était tiré une décharge de fusil dans la tête.

Quarante-huit heures plus tard, le capitaine Prouteau est transporté par avion à Paris. À l'hôpital du Val-de-Grâce, un hélicoptère se pose sur la terrasse des nouveaux bâtiments. Dans le service des soins intensifs, Barril, son fidèle adjoint remonte le moral de son meilleur ami.

« Je n'oublierais jamais son visage, qui pourtant a dégonflé de moitié. »

« Une espèce d'énorme masse de chair fait un pont entre les deux épaules. Ses lèvres éclatées sont énormes. Sa peau est bleue du front à la base du cou. Elle est grêlée d'une multitude de trous marqués par une croûte sombre de sang caillé. J'essaye de ne pas trop le regarder, car je sais qu'il se voit à travers l'expression de mon regard. Mais je suis mauvais comédien...

« — Je ne suis pas à mon avantage... essaye-t-il de plaisanter.

« La voix est indéfinissable, une voix cassée, éraillée, une voix rugueuse, basse, faible, à peine audible...

« — Tu as eu un bol fantastique ! »

Un mois plus tard, le capitaine Prouteau jouait de la guitare pour la soirée marquant le septième anniversaire de la création du G.I.G.N. Incroyable. Les chirurgiens ont fait merveille. Il ne lui reste plus « que » trente-neuf plombs dans le visage, les épaules et le cou. Sa voix est revenue, alors que les cordes vocales avaient été touchées. Les médecins crient au miracle. Le capitaine Prouteau gardera l'épaule gauche un peu plus faible. C'est tout. Il revient de loin. Prouteau-la-Baraka, Prouteau-la-chance, a repris son commandement.

Son G.I.G.N. tourne comme une horloge, comme l'une de ces montres anciennes dont la réparation est aussi l'une des passions.

Une question me brûle les lèvres :

— Est-ce que tu en veux aux journalistes responsables de ce qui a failli te coûter la vie ?

— Pas du tout. Je le comprends. Pour eux, c'était un moment important. Ils ont fait leur métier.

Des tueurs, des James Bond, des pistoleros... ces qualificatifs dérisoires défilent devant mes yeux tandis que je quitte le camp d'entraînement du G.I.G.N. à Maisons-Alfort. Alors que je roule vers Paris, une phrase me revient. Celle que le leader corse de l'hôtel Fesch a prononcée devant les journalistes lors de la fameuse nuit de janvier 1980 : « Les gendarmes parachutistes, mais ce sont des dieux ! »

Des dieux ? Sûrement pas. Des hommes, certainement...

MORTS POUR LA FRANCE

Grâce à son entraînement intensif, le G.I.G.N. n'a connu aucun mort en opération. Un seul blessé grave : le capitaine Prouteau. En revanche, deux gendarmes ont trouvé la mort à l'entraînement.

Le 23 avril 1977, le chef Raymond Pasquier, 34 ans, se lance du sommet de la tour de quatorze étages où habitent les familles des gendarmes mobiles à Maisons-Alfort. Il doit glisser sur un filin de nylon jusqu'au toit d'un autre bâtiment. Mais, fatalité ou erreur, au lieu d'avoir mis son mousqueton d'acier sur le filin, il a passé le bout de corde de nylon qui aurait dû lui servir à se tenir par les bras. Nylon contre nylon : c'est la catastrophe. Le nylon brûle, se coupe. Dernière lucidité et sang froid étonnant de ce gendarme qui va tomber de quatorze étages sur du ciment et qui sait que la mort est là :

— Attention en bas !

Le capitaine Prouteau se précipite pour tenter de l'attraper dans ses bras. Le chef Raymond Pasquier s'écrasera sous les yeux de sa femme et de tous ses amis. Le lendemain du drame, je vais à Maisons-Alfort. J'ai vu pleurer Prouteau dans son bureau.

En mars 1981, c'est le chef Henri Jacques, 34 ans, qui trouve lui aussi la mort à l'entraînement. Cette fois, c'est en plongée profonde de nuit. L'enquête montrera qu'une défaillance du matériel est responsable du décès. L'ensemble du G.I.G.N. fera une entorse au règlement. Pendant une demi-journée, il n'y aura aucun groupe en alerte. Tous ses amis iront lui rendre un dernier hommage. Leur solidarité sera précieuse pour sa femme et ses deux enfants, qui, plus que d'autres, font partie de la grande famille de la Gendarmerie.

G.I.G.N. : À BIENTÔT !

Notre monde est violent. Ce livre n'avait pas pour but d'en analyser les causes. Face à cette violence, les états démocratiques ou non, essayent de faire face, avec plus ou moins de succès. Depuis sa création en 1974, le G.I.G.N. a donné à la France ses lettres de noblesse anti-terroriste. De tous les pays du monde, y compris les plus grands, affluent des spécialistes. Ils viennent comprendre sur place comment les gendarmes français ont réussi à être les meilleurs. Demain, dans votre journal, vous lirez à nouveau les exploits de ces hommes. « G.I.G.N. ». Un sigle qui vous sera désormais familier. L'information va vite. Elle a tendance à tout simplifier. Nous, les journalistes, feront à nouveau de ces hommes des « Bons » contre « les méchants »...

Peut-être écrira-t-on encore qu'ils sont des supermen et autres James Bond. Mais vous, vous saurez. Je vois d'ici votre sourire en coin. Vous vous rappellerez alors, de ces gendarmes léchés par un chien dans le désert, ravitaillés en mandarines par une grand-mère corse, ou cherchant désespérément une estafette pour partir... Vous saurez qu'avant tout, ce qui compte pour eux, c'est la vie. La vie des autres d'abord : celle des otages et de leurs geôliers. Ils sont (mal) payés pour faire le plus sale métier créé par une civilisation à la recherche d'un nouveau souffle. Ces gendarmes, dernier rempart contre la folie des hommes, sont pour chacun d'entre nous une sécurité. Ils sont la preuve que si l'homme est un loup pour l'homme, il y a toujours un Saint-Bernard. Je suis heureux d'avoir pu les voir vivre et grandir depuis leur création. Et je suis fier d'être leur ami.

Jean-Claude Bourret.

LE G.I.G.N. EN QUELQUES CHIFFRES

Né le 3 novembre 1973.

Il est alors composé du lieutenant Prouteau et de 17 sous-officiers.

En 1983, sous sa forme définitive, il comprend 6 officiers.

69 sous-officiers permettant de constituer :

5 groupes d'intervention de 12 hommes et une équipe de commandement de 15 hommes.

4 chiens

7 voitures CX GTI, 2R5 Alpine + 2 R18 TURBO

2 504 break

3 bateaux

2 camions

1 204

1 305

2 estafettes + 4 Trafic Renault.

Chaque homme (officier ou sous-officier)

tire *au minimum* chaque année : 9 000 cartouches au revolver, 3 000 au fusil

court : 1 200 km

nage : 250 km

En 8 ans : plus de 220 opérations dont 47 prises d'otages au cours desquelles 392 otages ont été libérés.

Le 5 mai 1981 le G.I.G.N. neutralisait un preneur d'otages sur l'aéroport du Touquet. 113 passagers étaient libérés d'un cauchemar, le pirate de l'air menaçant de faire sauter l'avion.

Le 18 août 1982 le Cdt Prouteau est chargé de mission par l'Élysée sur les problèmes de sécurité et de lutte antiterroriste.

REMERCIEMENTS

Ce livre n'aurait pu voir le jour sans l'aide de :

— M. Cochard, directeur de la gendarmerie nationale (1979).

— M. Barbeau, directeur de la gendarmerie nationale.

— Capitaine Prouteau, commandant du G.I.G.N.

— Capitaine Barril, G.I.G.N. officier adjoint.

— Tous mes amis, les gendarmes du G.I.G.N.

TABLE DES MATIÈRES

ACHEVÉ D'IMPRIMER
SUR LES PRESSES DE
L'IMPRIMERIE HÉRISSEY
A ÉVREUX (EURE)

N° d'imprimeur : 31931
Dépôt légal : Mars 1983
Imprimé en France